「テロリストは日本の」を見ているのか

無限テロリズムと日本人

伊勢﨑賢治

GS
幻冬舎新書
431

テロリストは日本の「何」を見ているのか

無限テロリズムと日本人

伊勢﨑賢治

GS
幻冬舎新書
431

まえがき

地政学的に仮想敵国を目の前にしながら、背中には太平洋が茫漠と広がっているだけの〝懐〟のない国、日本。そこにはいま54基の「原発」が平べったい弧の形に沿ってずらりと並んでいます。

実はこの状況、国防上は薄氷の上に国を置いているのに等しい、とてつもなく深刻な事態なのです。

ボクシングにたとえると、大きなアメリカをセコンドに持つも、憲法9条で後ろ手を縛られたまま、敵に対してノーガードで腹をさらけ出しているようなものです。しかもこの腹からは3・11の衝撃で臓物《ぞうもつ》が一部飛び出している有様です。

この腹が狙われたら、真っ先に逃げるのはセコンド（アメリカ）でしょう。3・11の東日本大震災の時、横須賀の米空母ジョージ・ワシントンが真っ先に逃げ出したように。

つまり日本は、原子力施設への攻撃が違法になっている国際人道法・戦時国際法[*1]を、北朝鮮を含めた国連加盟国なら「守る」だろうという薄紙のような良識に依存してゆかなくては、国防という概念さえ成り立たないのです。

そして原子力施設への攻撃は、通常兵器に頼る必要すらありません。3・11が世界に明確に示したように、少人数でも可能な「電源喪失」で済むのです。

いま日本人は、そんな〝良識〟など歯牙にもかけない「敵」に直面しています。中国や北朝鮮の脅威にかまっている暇があるのでしょうか？

グローバルテロリストの出現で、日本をはじめとする国際社会は、いま「敵」を2つのカテゴリーでとらえなければならなくなりました。

たとえ北朝鮮のような独裁国家であろうと、イランのような非民主的な監視国家であろうと、政権の正当性を、少なくとも自身の国民と、そして国連を中心とする国際社会に見せる意思を持っている国。これが「まともな敵」です。

片や「まともでない敵」は、イスラム国（ＩＳ）やアルカイダなどに象徴される、いわゆるテロリスト。〝国〟を名乗っていても、どちらかというと〝非国家〟な主体。

大きな違いは、前者はまだ国際法のような共通言語がどこかで通じますが、後者は全くそれが通じません。いうまでもなく、共通言語がない敵は非常に厄介です。

「まともでない敵」によるテロリズムは、いま燎原《りょうげん》の火のように地球上に広がっています。最近のことですが、フィリピンの南部バシラン島で地元の小さなイスラム過激派組織が国軍へのテロ攻撃を行った際、ＩＳ名の犯行声明が出されました。ＩＳのメンバーはフィリピンの島々を移動しながらオルグ活動を行っているといわれていますが、非常にローカルな地域のローカルな集団にまで、ＩＳもしくは〝それ的なモノ〟は触手を伸ばしているのです。

もちろんこうしたオルグ活動は、フィリピンだけの話ではありません。まるでビジネスにおけるフランチャイズのようですが、〝それ的なモノ〟をつくるには、あまり元手はかかりません。ウェブ、ＳＮＳを使って〝思想〟を伝播して、どこの社会にもある〝不満〟が取り込めば、〝それ〟ができ上がるのです。先進国でもイスラム系移民が、いや、いまやイスラム系の人たちだけが取り込まれるというより、「自分探し」の若者が取り込まれてゆくのです。

一方で、グローバルテロリストの〝本舗〟ともいえるパキスタンやアフガニスタンでは、いわば〝古い〟テロリストたちとの〝世代交代〟が起こっています。旧世代が、時間とともにそれなりの分別を身につけて「まともな敵」になりつつある一方で、それに飽き足らない若い世代は、ＩＳのようなもっとギラギラしたものを求める。すると、これが、テロリストの世代間戦争の様相を呈してくる。アフガニスタンでは、同じテロリスト扱いのタリバンとＩＳの間で紛争が起こっています。

ＩＳもしくは〝それ的なモノ〟という現象は、古い細胞を自分で食い殺しながら永遠に分裂し、他方、ガン細胞の転移のように先進国にも拡散していきます。

グローバルテロリスト——これは人というより〝現象〟といったほうがいい敵なので、「グローバルテロリズム」という表現がいいでしょう——は、一つの国家、一つの民族の枠内で、その社会の問題に対して、ある意味、純粋すぎるがゆえに情熱にかられて過激な行動をしていた一昔前の〝ラジカル〟とは明らかに異質なものがあります。それはさながらギリシア神話に登場する複数の生物が合成された怪物キメラのようです。たちの悪いことに、この現代のキメラは攻撃されればされるほど巨大化し、暴走を加速させます。

もちろん、彼らは、何もないところから生まれ落ちたわけではありません。彼らは、ある意味、経済的貧困、宗教や人種差別などがもたらす構造的暴力の被害者ともいえます。しかし、こうした構造的暴力は、人間社会が続く限りなくなることは永久にありません。

ことグローバル経済の加速度的な進展と並行して、経済的格差は開いていく一方です。

世界経済フォーラムのために、あるNGO組織が行った調査によれば、世界で最も裕福なお金持ち62人の資産は、世界の下位50％（36億人）の資産合計と同じだそうです。凄まじい勢いで広がっているこの格差が、グローバルテロリズムが猛威を振るっている背景に存在しています。

経済的格差は、当然ながら一国の構造的な要因のみで完結しているわけではありません。たとえば石油やレアメタルのような天然資源を巡るグローバルな争奪戦は、往々にして政治体制が不安定な国において、繰り広げられます。

利権追求の外国資本は、より優位な利益を求めてその国内政治に介入し、操りやすい政権を支援の名の下に腐敗させ、結果、内政の混乱による覇権争いが激化する。それが内戦を誘発する原因になるのです。すなわち、遠い名も知らぬアフリカの国々での内戦は、我々の日常の消費生活と直結しているのです。

こうしたグローバルな構造的暴力が、今後さらに根深く蔓延《はびこ》っていくであろうことを想像すれば、そこから生まれてくる「まともでない敵」は人類のいわば宿痾《しゅくあ》であり、完全に殲滅《せんめつ》することは絶対に不可能です。殲滅しようという発想で立ち向かっていけば、もともと民衆のなかに深く浸透している「敵」だけを選別することはできませんから、当然、民衆も傷つく。すると、傷ついた民衆の怒りは我々のほうに向かい、「敵」を増やす結果となって、報復の連鎖が続くだけなのです。殲滅ではなく、いかに〝付き合ってゆくか〟を考えるしかないのです。

日本では、テロリズムはまだ対岸の火事であるという気分を抱いている人が大半でしょう。しかし、日本はすでにＩＳの「敵リスト」に入っています。

グローバルテロリズムは、象徴的にアメリカを最大の敵としていますが、そのアメリカの軍事力を体内に深く抱える日本を攻撃することは、彼らにとって、アメリカへの攻撃と同じ意味を持つのかもしれません。

さらに剣呑《けんのん》なのは、冒頭でも触れた原発をはじめとする原子力施設の存在です。

仮に原発テロが日本で起こったとしても、通常戦争などと比べれば被害は限定的であるという感覚を持つ人もいるようです。しかしながら、実際にテロが起こった時に想定される被害は、福島第一原発事故の例を引くまでもありません。被害は人間の殺傷というレベルにとどまらず、金融や経済システムを激しく揺るがす強打となります。戦争だったら、その後に「復興」できますが、核テロは「無」をつくり出すのです。

この脅威に、日本はどう立ち向かえばよいのか？

それは、「敵をつくらない」ということです。

なんだ、そんなことか、と思うでしょう。ズッコけるぐらい簡単で、安全保障をナメているのかと。勇ましいウヨク（ごめんなさい、便宜的にそう呼ばせていただきます）の方々はいうでしょう。でも、私は、アメリカ・NATOという地上最強の軍事力を、アフガニスタンに誘い込み、アメリカ史上最長の13年余にわたる戦争を戦わせ、軍事的勝利をあげさせずに撤退させた「敵」の実態を見てきました。それも、NGOやジャーナリストとしてではなく、アメリカ軍自身が、通常戦力では敵《かな》わないと、その軍事戦略を根本的に書き換えてゆく現場に身を置いてきたのです。

一方、サヨク（ごめんなさい、お許しを）はサヨクで、だから憲法9条をいままで通りに守ってゆけばいいのだ、というでしょう。でも、憲法9条の条文は〝守る〟ものとして神聖視されてはいますが、我々ははたして、それを〝大切〟にしてきたでしょうか？　なぜなら日本は、9条下でも、立派に「戦争」してきているからです。

といっても、皆さんにはピンと来ないでしょう。

「9条下の戦争」の詳細は本文に譲りますが、それこそが、大問題なのです。国民にその自覚がなく、国家が「戦争」していることぐらい恐ろしいことはありません。我々国民が気づかないうちに、グローバルテロリストたちの我々に対する憎悪が増殖しているとしたら……。

我々にまさに襲いかかろうとしているとてつもないリスクについて、本書では詳しくお話ししていきたいと思います。

＊1――別名「戦争のルール（Law of War）」。平たくいうと、19世紀末から、人類が大戦を経るたびに「あの殺し方はないよね」「あんな武器はあんまりだ」という反省を、ネガティブリストとして設けてきた数々の条約の集積。いわゆるジュネーブ条約とかハーグ条約とかいわれるもの。現代でも「対人地雷禁止条約」のように進化している。宣戦布告の義務とか、交戦主体であることを明らかにする制服・識別章の着用の義務、捕虜の保護特権の厳守、撃墜した敵機からパラシュートで降下する敵を撃ってはいけないとか、国際赤十字、医療関係人員・施設を攻撃してはいけないとか、戦闘員は指揮命令系統の下に置かれねばならず、その指揮官は同法に違反すると法的な責任を負うとか、加えて敵地を攻撃して軍事占領しても〝併合〟してはいけないとか（侵略になるから）。人類は、まだ、すべての戦争を違法化していない。第二次世界大戦後に国連ができて、後述する「自衛権」の大義名分が規定されたが、一旦それによって「武力の行使」がなされると、それは即座に「交戦」として、戦時国際法・国際人道法で統制される。

テロリストは日本の「何」を見ているのか／目次

編集協力　髙木真明
DTP　美創

第1章 グローバルテロリズムの到来

大きな戦争は二度と起きない

いま日本の安全保障政策において、最優先で照準を定めるべき脅威とは何でしょうか？　中国、北朝鮮、韓国といった、日本と緊張関係にある国家か、もしくはテロリスト組織か……。この2つのどちらかを選ぶとすれば、多くの日本人はおそらく前者を指すのではないかと思います。

中国、北朝鮮、韓国などの存在が日本の安全保障体制にとってどれだけ脅威か、その考えられる現実的なリスクについては後で詳しく解説していきますが、日本を含む国際社会が共通の課題として喫緊に向き合わざるをえない敵がテロリズムです。

テレビや新聞といったマスメディアは先の大戦についての記憶を掘り起こし、それにまつわるおびただしい映像や言説を流してきました。こうしたものにしばしば触れることで、将来また何かの弾みで同じような戦争が起こらないとは限らないという思いを、どこかに抱いている日本人は少なくないと思います。実際、2002年の内閣府の調査によると、「日本が戦争に巻き込まれる危険はあるか？」という質問に対しておよそ75％の人がイエスと答えています。

しかし、先進国といわれる国同士がかつての大戦のように総力戦でぶつかるという事態は、現実的には、もはや想定しにくいものになっています。総力戦でなくても、陸海空で戦火を交えるような通常戦ですら、限りなく減少していいます（冷戦期のベトナムやアフガニスタン、そして最近ではウクライナなど、いわゆる緩衝国家での代理戦争的な武力介入を除いては）。ましてや、アメリカ、中国、ロシア、イギリス、フランスといった国連安保理の常任理事国同士が直接交戦する可能性は、ほぼありえないといっていいでしょう。すなわち第二次世界大戦のような大国同士の大きな戦争は、今後の人類史においては相当低い確率でしか起こりえないのです。

そういった予測の根拠は、以下に述べる4つの理由からなります。

1　アメリカ、イギリス、フランス、ロシア、中国といった「拒否権」という絶大な権力を与えられた5つの常任理事国（大戦の戦勝5大国）を中核とするレジームが戦後確立された。そのレジームとは、「侵略者を許さない（集団安全保障）」ことと、自衛戦における「武力の行使」の大義名分（個別的自衛権と集団的自衛権）を統制するための、5大国による国連という世界統治システムのことである

2　核による抑止力
3　国家の概念を揺るがすほど経済がグローバルに発展し、〝正規／非正規〟の投資・貿易との相互依存関係がかつてないほど深まった
4　全人類の生存に影響を及ぼす「集団安全保障」領域の拡大。その対象は地球温暖化などの環境問題の深刻化、グローバルテロリズムの拡大と先鋭化、大量の難民発生、「まともな敵」に加えて「まともでない敵」への核の拡散

1の拒否権とは、国連決議に対して一つの常任理事国が拒否すれば、他の4か国がたとえ賛意を示しても通らないという絶大な権力です。地球上のすべての「武力の行使」を統制する〝王様クラブ〟は、決して民主的な場ではありません。そして、この「王様クラブのルール」を維持する限り、彼らは王様でい続けることができるのです。そのレジームの基本を揺るがす矛盾行為を、自ら犯すわけがありません。ですから、彼ら自身が「侵略」することはないのです。もちろん中国もです。

それでも、彼らは「侵略」まがい、もしくはそう見える「武力の行使」をすることがあるでしょう。そして、その大義名分、つまり「言い訳」は、①個別的自衛権、②集団的自

衛権、③集団安全保障のうち、どれかでなければならないのです。これが、彼らが君臨する「王様クラブのルール」なのです。

国連は、地球上で起こるすべての殺傷行為を、人権というたった一つの価値観から国内の犯罪のように刑事事件として扱い、裁けるような「世界政府」にはまだなっていません。加えて、王様クラブが集団安全保障を決めるには、どうしても時間がかかる。王様クラブが協議しているうちに、侵略者にやられると困るから、とりあえずやっていいよ、ただしちょっとの間だけ、と許されているのが、個別的と集団的の2つの自衛権なのです。

2001年の9・11同時多発テロで、アメリカは「本土攻撃」されました。実行犯アルカイダを囲っていた、当時のアフガニスタンのタリバン政権に、「個別的自衛権」を根拠に報復したのが、現在も続く「テロとの戦い」の始まりです。個別的自衛権で、何千キロも離れたところに出かけて敵地を攻撃し、占領までできる。これが国際法でいう個別的自衛権なのです。それに続いて、同じように多くのムスリム人口を抱えているNATO（北大西洋条約機構）諸国が、「明日は我が身」ということで、集団的自衛権によって参戦し、いまに至ります。

中国は日本を〝侵略〟しない

ここで、皆さんが心配する「中国の〝侵略〟」を考えてみましょう。

中国がどこかの国を〝侵略〟するとしたら、それは中国にとっての個別的、または集団的自衛権の大義名分が成り立つ時のみです。このロジックを頭に置いておく限り、日本は〝侵略〟される心配はありません。

それでも、中国が〝侵略〟する根拠として、チベット問題をあげる向きがありますが、これは国際社会的には、民族自決の内政問題であり、人権侵害の観点から糾弾されるべき問題です。国際法上の〝侵略〟ではないので、くれぐれも勘違いしないでください。もっともチベットの民にとっては、何がどうあれ、〝侵略〟でしょうが。

日本の安全保障を強く脅かしかねない領土問題として、メディアに盛んに取り上げられるのが尖閣諸島です。誰も住んでいない、この尖閣諸島ぐらいは、もしかしたら盗られるかもしれません。中国は領有権を主張し続け、最近は艦船などを使って挑発行動を強めています。尖閣諸島だけではありません。南シナ海の南沙諸島の暗礁に人工島の開発を進めるなどして、フィリピンやベトナム、マレーシアとの間でも紛争の要因になっています。

ただ、ここで認識しておくべきポイントは、中国のこうした領土拡大主義の実行が、元々その〝国民〟が住んでいないところで行われているということです。領土の所有権というものは「国際慣習」上、先に占拠したもの、つまり実効支配した国が持つという面があります。それが、独自の歴史解釈とともに、相手国との境界線に近いところで、中国が領土拡大戦略を進めている一つの根拠です。

ちなみに、南沙諸島では、それらの周辺国はすでにお互い「実効支配」合戦をやっており、どちらかというと中国は後発です。

ちなみに1994年にできた「国際海洋法」という国際法はありますが、非常に脆弱《ぜいじゃく》なレジームです。なぜならあのアメリカが批准していないのですから（だから「航行の自由作戦」*2をやっているのです）。誠実に履行しているとはいいにくいですが中国は批准しています。

この「実効支配」合戦のなかで、武力衝突が起こることはあるでしょうが、それが国と国の「武力の行使」、つまり戦争になる時は、「王様クラブのルール」に移行するのです。その時は、集団安全保障、個別的自衛権、集団的自衛権の3つの大義名分のどれかを当てはめなければなりません。

個別的自衛権が中国の大義名分になる一番わかりやすい例は、尖閣諸島のように領有権が裁定されていないところで（日本には言い分があるでしょうが）、中国の〝武装した〟漁民、もしくは警察力と見なされる海警と、海上自衛隊が「交戦[*3]」してしまうケースです。これは国際法上「武力の行使」として見なされます。国連憲章51条でいう国連加盟国に対して日本が武力攻撃したことになり、その被害加盟国としての中国に個別的自衛権の行使という大義名分が生まれてしまうのです。

とにかく中国の〝非軍事〟の挑発に対しては、絶対に自衛隊が対応しないようにする。これを鉄則に、中国の挑発に対しては、警察力である海上保安庁の装備を向上し、武器の使用基準を下げて、外国人犯罪として遠慮なく取り締まればいいのです。

次に集団的自衛権が大義名分になるケースとしては何が考えられるでしょうか。冷戦時代のソ連のアフガン侵攻、アメリカのベトナム介入のように、危機に瀕《ひん》した「お友達」を、その依頼の下、助けるという構図です。

たとえば、沖縄あたりで米軍基地問題が発端となって、「沖縄独立党」が革命を起こすとします。もちろん地下でそれを支援するのは中国です。そして日本の警察、自衛隊と内戦状態になる。もう、国家緊急事態ですね。そこで窮地に立った沖縄独立党が中国に助けを求める……。なんか低俗な未来小説みたいですが、実際にこういうことをアメリカや、ソ連・ロシアはやってきたのです。つまり、中国に集団的自衛権を使わせないためには、沖縄の人々が日本に愛想を尽かさないように大事にする。これしかないのです。

私は、中国は脅威ではない、といっているわけではありません。ただ、「尖閣諸島を中国にとられたら、日本の本土は〝チベット〟のように〝侵略〟される」というのは、非常にたちの悪い扇動だといっているのです。

日本にとって最優先で対処すべき「敵」とは何なのか？　すべての脅威への対処はお金がかかるのです。国民に降りかかるすべての脅威に対処するのが国家の役目、なんて、どんな政治家でもいいそうなセリフですが、ない袖は振れないのです。結局は「優先順位」をつけるしかない。それを見極める材料にするために、中国の脅威を国際法という別の角度から見てみました。

核による戦争の抑止は存在する

現在、核を保有している国は、核拡散防止条約に加盟しているアメリカ、ロシア、中国、イギリス、フランスの5か国と、非加盟のインド、パキスタン、北朝鮮です。

一方で、イスラエル、イラン、シリア、ミャンマーは核保有疑惑を持たれてきました。

　また、独立と同時に戦争を始めたインドとパキスタンは、3度にわたる印パ戦争で多大な犠牲を生みましたが、両国が核兵器を保有して以来、通常戦が止まり、現在に至っています。

「核による戦争の抑止は存在する」という事実は、私を含む核保有反対派でも、認めなければならない冷たい現実です（間違って〝ボタン〟が押される可能性は否定しません）。

　唯一の被爆国である日本は非核三原則（核を持たず、つくらず、持ち込ませず）を掲げながら、世界のモラル・オーソリティとして声を上げ続けることは必要です。しかし、反核運動は、核による通常戦争の抑止の現実から目を背けるべきではありません。

　それにしても、核によって通常戦の抑止が保たれているのなら、はたして大国の通常戦力の拡大はどこまで必要なのかという疑問が起こります。安全保障のジレンマです。他国がこれだけの核装備をし、空母や戦艦や戦闘機をあれほど持っているのなら、こちらも負けてはいられない。そこで相手より優位に立とうとして、結果的に現実には必要のない軍拡を強迫的にやり続けるわけです。

　核拡散防止条約では「誠実に核軍縮交渉を行う義務」といったことが規定されているにもかかわらず、米ソは核開発競争にまい進し、現在アメリカが保有している核弾頭数は約

2100、ロシアのそれは約1800です。ともに地球を何万回と破壊できる能力です。科学テクノロジーの進歩によって、兵器には次々と新しい概念が加えられます。たとえば、シリアやアフガニスタンなど非常に危険な戦場では地上部隊を展開しなくてもいいのです。高性能のレーダーとカメラを搭載した無人爆撃機を、何千キロと離れたアメリカ本土にいる操縦士が現地の工作員が送ってくる情報をもとに操作すればいいのです。

第二次世界大戦前、軍人が操縦する軍用機だけに交戦権があるということが条約化されそうになったのですが、人間が乗っていない戦闘機が出現するなど誰が想像できたでしょうか。

少し前まではSFの世界の話であったようなことが、兵器のイノベーションにどんどん起きています。今後はサイバー空間や大気圏の上の宇宙スペースに、戦争の舞台が新たに設定されてくるでしょう。

戦争の形態が変わっていこうとも、軍事、そしてそれを支える技術力、経済力において、仮想敵国よりも優位に立とうとし続けるモチベーションは、人類から消えることはないと思います。その隙を狙うように、圧倒的な低コストのローテクで、急速に存在感を増しているのがグローバルテロリズムなのです。

テロの脅威は拡大し続けている

2001年の9・11。アメリカの同時多発テロ事件の報復（個別的自衛権の行使）として始まったテロとの戦い。「明日は我が身」ということでお友達のNATO諸国を巻き込み（集団的自衛権の行使）、地上最強の通常戦力がアフガニスタンで戦いました。以来15年の歳月が流れましたが軍事的な勝利をあげられず、アメリカ・NATOは主力部隊を撤退。後はアフガン国軍に引き継ぐという体裁を取り繕っていますが、これは事実上のアメリカの軍事的な敗北です。アメリカは、ことテロとの戦いにおいては、我々日本人が思っているほど強くなく、しかも通常戦力の積み上げでは、勝利できないことが、歴史的に証明されたのです。

9・11を契機にアルカイダとタリバンを敵に見据えて始まったグローバルテロリズムとの戦いですが、タリバンとは現在政治的和解を模索しています。敵のなかに、なんとか目ぼしい奴らを見つけて、「まともな敵」にするしか、軍事的な敗北を補う方法がないのです。

そして、グローバルテロリズムは、それぞれの国内の「不満分子」と、いとも簡単にリンクしてゆきます。

「テロ事件は通常戦争と比べて規模が小さいものだから、仮に日本でテロが起ころうとも、国同士で争う戦争が起きるよりまだまし。防衛の最優先事項として国が大仰に構えるまでのものではないのでは？」

そのように考える人もいるのではないでしょうか。

しかし、以下の点で注意を要します。

まず、テロ事件というと、一般の人間が集まるところに爆弾を仕掛けて――というイメージがあるはずです。日本でも、1970年代に「腹腹時計」の極左グループが三菱重工といった企業を連続爆破した事件などが記憶に新しいと思います。基本的に市販されている化学肥料や化学薬品を原料にして爆発物を製造する手口は、いまでも変わっておりません。パキスタンやアフガニスタンで自爆テロに使われるのも、それらです。その取得と製造法の学習は、インターネットを通じてさらに容易になっています。

それでも、個々のテロは、まだ「事件」なのでしょう。しかし、それが、恣意的に増殖され、連続するものになっていったら、どうなるか。シリアやイラクでのISの支配地域を巡って進行する戦争が、先進国でも起きる個々のテロ「事件」と、直接的な指揮命令系統が必ずしも同一でなくても、「意志」においてリンクしている実態を見れば、グローバルテロリズムはすでに通常戦争以上のスケールを持っているといえます。

アフリカや中東などで紛争の火種をつくる反政府勢力は、政府側から見れば、「テロリスト」です。そんなテロリスト呼ばわりされた反政府組織が政府を転覆して新国家を樹立したケースは、私が関わった東ティモールを含め、実際にいくつもあります。初めはちょっとしたテロ行為であっても、次第に燎原の火のように一つの国を巻き込むほど広がることはあるのです。アメリカを建国以来最長の戦争に引きずり込んだアルカイダによる9・11同時多発テロはまさにそうです。

テロ事件に使われる爆発物の威力は通常兵器ほどではありませんが、その運搬の手段は、画期的に進歩しています。たとえばその技術の革新がもう誰にも止められないドローンがテロの手段としても使われるのは時間の問題です。

アフガニスタンやイラクにおけるNATOや米軍基地は、地上で最も堅固なセキュリティ体制を敷いています。テロリスト側はこれらを、距離を置いたところから迫撃砲などで狙えますが、発射位置が特定されてしまうのと、持ち込みが目立つので、たとえそれが可能な時期があっても、実行が難しくなってゆきます。だから、一般人を装って基地に近づき、自爆する方法がとられるのです。そして、この方法は、〝成果〟をあげてきました。

これにドローンが加わったらどうなるか。自爆チョッキに仕込む量の爆発物を載せられるドローンは、それなりの規模と価格になるでしょうが、アフガニスタンやイラクの一般庶民が手軽に取得できるものになるのは時間の問題でしょう。今後、紛争地へのドローンの輸出規制は厳しくなってゆくでしょうが、爆発物の原料や自動小銃などの個人携帯武器の規制が事実上不可能であるように、自爆テロに加わる新たな脅威になることは間違いありません。

ドローンの出現とその技術革新により、アメリカ・NATOの、テロとの戦いにおける、大規模な駐留に伴うリスクは格段に高くなってゆきます。

こういった理由で、紛争地における戦闘は地元政府の国軍などの友軍に任せ、自らの駐留は特殊部隊や友軍の訓練要員など最小限にとどめる、というのが、現在、そして近未来の戦争スタイルになっています。

問題は、それ以外の戦場です。ドローンが運搬するのは、爆発物とは限らないからです。

＊2―アメリカの「航行の自由作戦」は中国に対する軍事作戦ではない。国際海洋法を批准していないアメリカが、その代わりに航行の慣習的な自由を実力で立証する法的措置として、1979年以降毎年、南沙諸島だけでなく、世界中の係争海域を通航するものである。

＊3―憲法第9条第2項では、「国の交戦権は、これを認めない」と規定している。日本政府の防衛省ホームページ「憲法と自衛権（4）交戦権」には、「ここでいう交戦権とは、戦いを交える権利という意味ではなく、交戦国が国際法上有する種々の権利の総称であって、相手国兵力の殺傷と破壊、相手国の領土の占領などの権能を含むものです。一方、自衛権の行使にあたっては、わが国を防衛するため必要最小限度の実力を行使することは当然のこととして認められており、たとえば、わが国が自衛権の行使として相手国兵力の殺傷と破壊を行う場合、外見上は同じ殺傷と破壊であっても、それは交戦権の行使とは別の観念のものです。ただし、相手国の領土の占領などは、自衛のための必要最小限度を超えるものと考えられるので、認められません」とある。しかし国連憲章において、自衛権とは個別的自衛権と集団的自衛権しかなく、前述の戦時国際法・国際人道法では、敵が攻撃してそれに応戦する途端に「交戦」になる。すべての「武力の行使」は「交戦」として同法により制限される。つまり、交戦ではない自衛権の行使はありえないのだが、日本では「必要最小限の交戦ではない反撃はありうる」とし、国家が主語の「武力の行使」でなく、自衛隊員が主語の「武器の使用」とすることで、9条との抵触を「解釈」によって回避してきた。これは、同法の観点からは「日本の打撃力は交戦規定の制限を受けず、その齟《そ》

齬《ご》に対して国家が責任を負わない」ともとれる。ちなみに日本は、同法を批准している。これが「神学論争」である。

第2章 テロリストによる核攻撃の脅威

テロリストが核を手に入れる日

「ダーティボム（汚い爆弾）」という言葉をご存知でしょうか。

どこからか取得した核廃棄物などの放射性物質を適量の爆発物で拡散させ、広範囲の核汚染を企てるものです。

たとえば、パキスタンや核保有疑惑が持たれているイランのような国から放射性物質が持ち出され、拡散する。ハリウッド映画でよく見かけるようなストーリーですが、すでに現実のこととなっているのです。

これが心配されたのは、ソ連の崩壊による東西冷戦の終焉《しゅうえん》直後からです。南コーカサスや中央アジアの旧ソ連邦には、ソ連時代の核兵器開発実験施設がたくさんあり、ソ連の崩壊によって、そこに保管されていたセシウムやストロンチウムなどの放射性物質の管理体制も崩壊することになりました。

ロシア本土やウクライナには、危機感を抱いた欧米の多大な支援が入り、放射性物質の廃棄処分が行われましたが、ソ連崩壊後の主権の確立を巡って混乱したコーカサスでは、その支援は手薄となり、特にグルジア（現在はジョージア）では、文字通り〝放って〟おかれることになったのです。

ソ連崩壊後には、ロシアのマフィアとつながりのある地元の犯罪組織が放射性物質の密輸を企て、水際で阻止されたケースがすでに存在します。2001年の9・11同時多発テロを受けて、アメリカ政府は直ちに、これらの犯罪組織がアルカイダとつながることを見据え、グルジアやアルメニア、アゼルバイジャンに対して、放射性物質の持ち出しをその国境で阻止するべく、探知装置の設置支援を強化しました。それでも、グルジアでは密輸事件は多発し、おとり捜査によって、やっと阻止している状態なのです。

いまのところ、これらの国際支援と、地元政府の治安当局の働きによって、ダーティボムの原料となる放射性物質が、地元の犯罪組織からアルカイダ系のテロ組織の手に渡ることは阻止できているようです。

しかし、最近になって、核にまつわる新たな脅威が認識されるようになりました。ISです。グルジアとアゼルバイジャン出身の人間が、国を離れ、ISの幹部になっていることが判明したからです。

そして、すでに、2016年3月に起き三百余名の死傷者を出したベルギー・ブリュッセルでの連続テロでは、首謀者が、原子力施設の襲撃を計画するべく、原子力技術者の動向を密《ひそ》かに調査し、それを動画に残していたことがわかりました。

まだ、私が「トンデモ話」をしている酔狂者に見えるかもしれませんが、国連を中心とする国際社会は、「Nuclear Security（核セキュリティ）」という名の下にとうの昔にアクションを起こしているのです。

核セキュリティとは何か

「核セキュリティ」という言葉が使われ始めたのは、2001年の9・11同時多発テロを契機とするテロとの戦いが始まってからです。それまでの議論は、どちらかというと、「事故」と「安全」を巡るものでした。でも、安全基準などを国際条約という形で各国に強いるには、やはりコストの問題があり、それぞれの国の懐事情もあり、そして原発は各国の領土内にありますから「主権」の問題もあり、国際原子力機関（IAEA）が中心となってまとめた法的拘束力のないガイドラインにとどまっていました。1979年のアメリカ、スリーマイル島原発事故を経験した後でもです。

ところが、1986年のチェルノブイリ原発事故では、放射性物質が、欧州をはじめ、ほぼ地球の半分に拡散しました。これを契機に、4つの国際条約が発効されました。それらは、①原子力事故の早期通報に関する条約、②原子力事故又は放射線緊急事態の場合における援助に関する条約、③原子力の安全に関する条約、④使用済み燃料管理及び放射性廃棄物管理の安全に関する条約、です。

「事故」ではなく、「核セキュリティ」について国際社会の関心が高まったのは、前述のようにソ連邦の崩壊が契機です。加えて、「攻撃対象」としての関心が高まったのは、なんといっても、2001年9・11の同時多発テロが契機です。

2007年には、1987年の核物質の防護に関する条約に加え、核によるテロリズムの行為の防止に関する国際条約が発効しています。これらは、放射性物質や起爆装置を所持し、使用することは「犯罪」と認定し、条約締結国に犯罪防止の措置と放射性物質の防護措置を義務づけています。

日本はどうか。もちろん、上記の条約すべてを批准しています。その後に起こったのが、2011年3・11の福島第一原発の事故です。その際、なんと、あの原子力委員会が「福島第一原子力発電所事故を踏まえたセキュリティ上の課題への対応について（見解）」として、核テロへの警戒を促しています。

「福一」の事故直後に暗澹《あんたん》たる気持ちになった専門家や研究者は、私だけではありません。

なぜか。それまで、原発へのテロにおいて想定していたのは、原子炉など核燃料が収納されているインフラへの爆発物、ロケット、ハイジャック機等での攻撃であり、その対策としては、そういうインフラをいかに堅固なものにするか、そして隙のない防護区域をいかに設置し維持するかが焦点でした。

でも、福一では、津波によって、すべての交流電源が失われ、非常用の発電機も機能しなかったため、冷却機能を失った原子炉内でメルトダウンを引き起こしました。つまり、インフラの破壊という大掛かりなことをしなくても、「電源喪失」だけでコトが済むという新たなヒントをグローバルテロリズムに与えてしまったのです。

それには、爆発物は要りません。ただ、電源を切るという専門知識を有する人間が一人いて、軽武装の小部隊が押し入り、従業員を盾に、1日占拠すれば——福一の原発1号機の水素爆発が3月12日だったように——それで済むのです。

「トンデモ話」ではありません。当の日本の原子力委員会が、上述の「見解」で、以下の3つのシナリオを想定しているのです。

①全交流電源喪失、②原子炉施設の冷却機能の喪失、そして、③使用済み燃料プールの冷却機能の喪失、です。

アメリカですら困難をきわめる核セキュリティ

③は、もし、冷却機能を失ってプール内の水が蒸発し、使用済み燃料が露出して加熱すれば、燃料被覆管が破損し、その放射性物質が大気中に拡散するというシナリオです。

福一では、水素爆発により原子炉建屋が吹き飛ばされ、プールがむき出しになりました。水位が下がったものの燃料は露出しなかった模様ですが、廃炉作業が進む現在でも、とうてい堅固とはいえないカバーがあるだけですから、前述のドローンを複数連続で使えば、プールに壊滅的なダメージが与えられそうです。

アメリカ政府の「9・11同時多発テロに関する独立調査委員会」は、原発は実行犯の攻撃対象の一つであったと報告しました。アメリカでは、民間警備会社が、商業ベースの各原発に完全武装で張り付いています。原発施設は複雑に入り組んだ構造で、それぞれに違うからです。そして、米政府の原子力規制委員会は、原発を地上で最もセキュリティが堅固な施設にすべきだという国家的意志の下、各原発のセキュリティ対策に対して厳しい監視体制を敷いています。

その一つが、Force on Force（FOF）と呼ばれる、侵入者に扮《ふん》した政府側の部隊とエンベッド（張り付き）部隊が合同で行う実戦に近い戦闘訓練です。これは、現在、3年に1回、各原発に対して行われます。

日本の警備会社は武装を許されていません。このようなことは、日本の警察や自衛隊といった〝中央〟の組織に特殊部隊をつくることでは済まないのです。商業ベースの各原子力施設に張り付いていなければならないからです。

アメリカでは、このような厳しい体制が敷かれていますが、すべてが順調なわけではありません。あるエンベッド部隊を提供する民間警備会社が、FOFにおいて侵入者役の部隊の提供を政府から請け負った事実が、連邦政府監査院によって告発されたこともありました。これではFOFが馴れ合いになってしまい何の意味もありませんので、不正事件として社会の大きな関心を集めました。要は、国家としてこういう二重三重の〝本気〟の体制があるかどうかなのです。

これは、野党が政府にしっかりしろというだけでは済まないのです。有権者の、核セキュリティに対する意識の問題なのです。アメリカでは、反核平和市民団体の、82歳のお婆ちゃん修道女（シスターMegan Rice。彼女の勇姿はユーチューブで見られます）を筆頭に63歳、57歳の3人組が、核兵器製造プラントへの侵入に難なく成功し、ウラン貯蔵庫で団体旗を振り、壁に反核平和スローガンを落書きし、逮捕されたりしています。一般市民が体を張って、核セキュリティの脆弱さをあざ笑い、証明しているのです。もちろん日本の反核団体にやれとはいいませんが、それほどに核セキュリティは困難をきわめるということです。

インサイダーという悪夢

加えて、世界の核セキュリティの専門家たちが重視してきたのは、インサイダー（内部の人間）の犯行です。このことが意識されたのは、そもそも核の黎明《れいめい》期の「マンハッタン計画（第二次世界大戦中、枢軸国による原子爆弾開発を恐れたアメリカ、イギリス、カナダが、原子爆弾開発・製造を企て、科学者、技術者を総動員した計画のこと）」の時、ある高名な物理学者の「悪ふざけ」に、東側への情報漏洩《ろうえい》の嫌疑がかけられた事件に遡ります。

その後、アメリカ国内でも、核施設内で放火を含む破壊行為を内部の人間が働く事件が相次ぎ、アメリカ以外でも、たとえばロシアで1998年には、内部の複数のグループによって核弾頭の製造に十分な量の高濃縮ウランが盗み出される事件が発覚しました。

とにかく、社会で「内部」の人間が引き起こす事件は色々あれど、核にまつわるそれは、圧倒的に、そして〝最終的〟に深刻で、それに勝る脅威はありえないのです。

アメリカ芸術科学アカデミーは2014年に、「核施設の内部者による犯罪」に関して以下の警告を出しています。

1 「内部者の裏切りは他所《よそ》の問題だ」というリーダーの油断

インドの故インディラ・ガンディー首相の暗殺が有名ですが、強権的な政策の結果、暗殺が危惧、そして最大限に警戒されている時に、長年にわたって個人的にも信頼してきたスタッフが突然牙を剝《む》く。こういう事件が起きるほとんどが発展途上国なので、日本人は甘く見るでしょうが、それらの国のリーダーの警護は日本の比ではありません。こういう国の政権には超大国の利害が複雑にからんでいるので、警護には超大国の強い支援もあるのです。人間が考えうる最大の警戒態勢で、それも、気が緩んでいる時ではなく、最大限に警戒している時に、いとも簡単に「信頼」が裏切られます。

ちなみに、核施設以外の警戒施設で起きた内部者による窃盗の、実に4割以上が、その警備員によるものであった、という調査結果があるそうです。

2　「素性調査」を信用するな

核施設の職員スタッフ——どんな末端の従業員でさえ——を雇用する時に、その素性をチェックするのは当たり前です。加えて、その勤務態度を継続的にモニターするのも当たり前です。この前提に立っても、それでも信用するな、といっているのです。なぜなら、どんな忠誠心のあるスタッフでも、「脅されれば」、豹変するからです。もし、テロ組織が、そういうスタッフの家族を誘拐し、通報したら即座に殺す、いうことを聞けと迫ったら……。核施設ではありませんが、かつてあのアイルランド共和軍が、こうやって銀行襲撃に成功しています。

ちなみに、前述の1998年のロシアでの高濃縮ウランの窃盗より前の1992年に、単独犯で高濃縮ウランを盗み出したのは、素性調査でも、その後の長年の勤務態度でも申し分のないスタッフでした。

3　核施設スタッフの〝変化〟は見過ごされる

2009年にアメリカで起こった、私が関わったアフガニスタンでの対テロ戦がらみの事件です。この事件は、アメリカに移住したパレスチナ人を両親に持つ、ある米陸軍少佐（軍医）によって引き起こされました。彼はある日突然、勤務中に、オサマ・ビンラディンへの忠誠や、自爆テロへの賞賛などを公言しだし、軍当局をはじめFBIも、彼の動向を警戒していました。その矢先、基地内で、アフガニスタンへの赴任準備中の兵士に向かって発砲し、13人を殺害、29人に重軽傷を負わせたのです。

なぜ、問題児として明確に警戒されていたのに、事件を防げなかったのか？

これは、自由主義社会の性《さが》かもしれません。まず、個人の表現の自由は、たとえ国家の安全のためとはいえ、強制的に否定することが難しいのです。9・11を経たアメリカでさえです。問題言動を起こし始めてから、彼は、同じ米軍の基地を転々とするのですが、問題児は早く手放したい、でも問題児を問題児として正式に認めてしまうと、そのまま監督しなければならなくなる……、こういう心理が各基地の責任者に働き、彼は転属を重ねたと分析されています。いわゆる事なかれ主義です。特に、問題児はムスリムですから、下手に扱って、「差別主義者」というようなレッテルを貼られることを恐れる防衛本能が働いたのでしょう。

彼は、その後、米軍事法廷によって死刑が宣告されています。

もう一つの事件は、アメリカで生まれたソマリア系の両親を持つあるアメリカ人によって起こされました。彼は、いまでもスンニ派の総本山サウジアラビアとシーア派のイランの代理戦争が続くイエメンで、アルカイダによるテロへの関与の嫌疑でイエメン当局に拘束されています。そして、その後の調査で、なんと彼は、イエメンに行く前に、アメリカ国内の原子力施設で従業員として働いていたことがわかったのです。その時から、同僚や所属先の労働組合にも、ムスリムでない者は背教者であるとか、ジハードへの心酔を表明していたのですが、原子力関連業者には義務づけられている内部告発の制度があったにもかかわらず、彼は見過ごされたのです。

組織として、スタッフの過激な〝変化〟を探知すべく、どんなに制度を設けても、限界があるのです。

4　「悪意」だけが脅威じゃない

9・11の直後に起きた「アメリカ炭疽《たんそ》菌事件」を覚えているでしょうか。これは、炭疽菌を入れた郵便物がテレビ局や新聞社などに送られ、20人以上の人々を汚染した(そのうち5人は死亡)事件です。その郵便物には「アメリカに死を」とか「アラーは偉大なり」というメッセージが同封されていたのですが、容疑者はイスラムとは何の関係もなく、実は、米陸軍感染症研究所の上級研究員だったのです。事件を起こした彼の動機は「悪意」ではなく、彼自身の炭疽菌研究に注目を集めること、そして、生物テロへの関心を高め研究費を増額させるための「善意」だったことが報告されています。

内部の人間の「過激化」、そして悪意ある外部のテロ組織との関連に厳格な注意を怠らないことは当たり前ですが、それだけでは、まだ足りないのです。

5　予防ではなく、起こることを想定せよ

ここでは、日本が例に引かれています。福一です。これは、天災地変による事故ですが、いわゆる「想定外」という言葉の是非が、福一事故の後、話題になりました。事故が起こる確率は、技術的にゼロに近い。この思想が広く流通しないと、原子力政策は成り立ちません。でも、事故は起きてしまいました。問題なのは、この思想が前提になるがゆえに、事故を想定し、それに向けて準備をすることが疎外されることです。

２００７年の新潟県中越沖地震を経た柏崎刈羽原発では、２０１１年に地震と放射性被害を想定した新潟県合同訓練が実施される動きになったのですが、地震を想定した原発事故は民衆に不必要な不安を煽《あお》る、ということで内容変更になりました。何をかいわんやですが、アメリカはこれを教訓にすべきケースとしています。

ドイツ帝国宰相ビスマルクの言葉に、「愚か者は自らの経験から学ぶ。賢者は他者の経験から学ぶ」というものがあります。以上のように、世界は日本から学んでいるようです。肝心の我々日本人はどうでしょうか？

福一の事故直後、その収束のために入った従業員のうち10名が、身元がわからず内部被ばく線量検査もできず、なんと偽名が使われていた可能性があることを毎日新聞が報道しました（２０１２年８月14日配信）。いまでも、福一を含め、日本の原子力産業は、下請け、孫請け、ひ孫請けが引き受けている旧態依然とした世界です。セキュリティ云々を論じる以前のレベルなのです。

なぜ日本でテロによる「核攻撃」が問題にならないのか

ならば、日本はどうすればいいのか？

核施設なんて日本では運用不可能、と私が考えているように思えるかもしれません。すると即、お前は反核運動からの回し者だ、と思われてしまうほど、日本の核を巡る議論は、二項対立で政治化、そして教義化しています。

しかし、反核・反原発であろうが、推進派であろうが、こういう脅威の前提に立って、原子力政策は運営されなければならない。この一点では、誰も異存はないはずです。

核セキュリティに関して日本では、商業原発のエンベッド体制をつくる武装的民営化のための根本的な法体制がありませんし、一般市民の意識も、まだ発展途上です。グローバルテロリズムにとっては、ソフトターゲット中のソフトターゲットといえます。加えて、日本の原発には、そのほとんどが海に面しているという——それもその多くが仮想敵国に面しているという——アメリカなど他の原発先進国にはない弱点があるのです。

日本政府の原子力委員会が早々と警告した核テロへの対策が、事実上何もなされていないのは、「テロ攻撃」が国民に認識されると、ただでさえ反対運動が激しい再稼働がより困難になる……、こんなことが理由でないことを祈るばかりです。

第3章

テロリストは無限に増え続けるのか

テロとはそもそも何なのか？

テロリズムという用語が使われるようになったのはフランス革命の「9月虐殺」がきっかけですが、今日においてテロリズムはどのように定義すればよいのでしょうか。

ちなみに軍事の戦術の世界では、テロリズムというより「インサージェンシー」もしくは「インサージェント」という言葉が一般的です。インサージェントの語源はラテン語で「反抗して立ち上がる人」の意味ですが、政府に反抗して武装蜂起し、それにとって代わる新しいレジームをつくろうとする反体制分子のことを指します（本書では文脈やニュアンスによって、テロリズムとインサージェントの使い分けをしています）。

アメリカ国防総省の公式な定義では、「テロ行為とは政治的、宗教的、もしくは特定のイデオロギーに基づいた目的のため、特定の政府や社会に対して恐怖を植えつけるべく、違法な暴力の使用、そして威嚇を行うこと」とあります。たいていのテロリズムは、この定義に収まると思います。

それらに対峙する「体制」側の反応は、向こうが暴力に訴えるなら、こちらも暴力で、となりがちです。

でも、インド独立の父といわれるマハトマ・ガンディーが率いた「体制」、つまり植民地支配に対抗する民衆運動は「非暴力」でした。非暴力の抵抗を掲げる人間が数人ならまだしも、数十万人が不服従の抵抗をすれば、それは社会の機能をマヒさせることになります。つまり武力攻撃と同じような国家の緊急事態を引き起こしているということで、宗主国イギリスは非暴力に対しても暴力で対峙しました。もっとも「戦略」としての非暴力は、そういう体制側の暴力を引き出し、その愚かさと非人道性を内外に訴えるのですが。

パレスチナにおいては、ムスリムの民衆が素手で、完全武装したイスラエル兵や戦車に向かって石を投げる「インティファーダ」という抵抗運動があります。石を投げるといっても素手ですから、イスラエルの圧倒的な軍事力と比べれば、非暴力的な抵抗といってもいいかもしれません。

これと同じことが、インドのカシミールでも起きており、インド国内ではマイノリティのムスリムが、陸軍のなんと半分をここに駐留させているインド当局と、「石」と非暴力のデモで戦っています。そしてインド政府当局は、これをテロ行為と見なし、容赦なく撃っています。

ここで、世界のムスリムだけでなく、私を含めて、人道主義を標榜《ひょうぼう》する世界の「良識」

は、非はイスラエルやインド当局の側にあると思っています。「体制」による虐殺、人権の侵害だと。

それでは現在、ISを、「体制」による人権侵害の被害者と見なす国際世論はあるでしょうか？　ISに対しては、何のためらいもなく、非人道的な無法テロリスト集団と見なしているのではないでしょうか。

では、我々の人道主義が同情する、圧倒的に非力なマイノリティのインサージェントと、問答無用のテロリストを区別するものは何なのでしょうか。現在、そういうインサージェントが、ISもしくはIS的なモノに取り込まれる現象が起きているのです。

私自身、立場や主観によってテロリストという名称をラベリングする相手が、いとも簡単に変わるさまを間近で体験したことがあります。

インドネシアから独立した東ティモールにつくられた暫定行政府の行政官として、国連から派遣された時のことです。独立する前は、東ティモールの独立派ゲリラは、インドネシア政府からすれば国の秩序を乱すテロリストでした。日本政府もインドネシア政府の言い分を支持し、マスコミもそれに従って独立派ゲリラをテロリストと呼んでいました。

ところが東ティモールが独立を果たすと、今度はインドネシア国軍と警察に支援された併合派民兵が凄まじい破壊と暴力行為を繰り広げ、国連安保理が承認した多国籍軍が投入されたのです。国際社会はそれまで独立派ゲリラと戦う正義の側にいたはずの彼らを、逆に殲滅したのです。

インサージェンシーやテロリズムの軍事的性質を特徴づけるものとして、国家と「非対称」という性格があげられます。彼らは、通常の軍隊のように一般市民と自らを区別する正式な戦闘服を必ずしも着用せず、そして各国の厳格な軍事法典と指揮命令系統によって統制されない。そして「国家」ではなく「非国家」主体であり、所持する武器も「非対称」に劣る。

そして、彼らは、兵舎ではなく、一般民衆の生活のなかに巣くい、そして、そこを戦場に正規軍を引き込む。だから、「非対称」でありながら、強い、のです。そして、自爆テロのように、平穏な日常生活を一瞬にして戦時に引き込む。こういうテロリズムの戦法は、正規軍だけでなく、テロリスト自身より一層「非対称」な完全に無抵抗で無力な一般民衆を攻撃目標にすることが、現代では一般的になっています。かつての〝ラジカル〟は、一般民衆の救済が大義名分であったのですが、現代のテロリストにはそうしたものへの意志がほとんど見当たりません。

テロリズムのみならず、戦争においても、無辜《むこ》の民衆を大量に殺戮《さつりく》するようなことはいくらでも起こります。しかし、それは国家と国家との戦争状態のなかで起きることですから、通常テロとは呼びません。

だから、昨年から続くＩＳが犯行声明を出したパリやベルギーのブリュッセルでの襲撃事件は「テロ」と呼び、その報復として、それより格段に多くの一般市民を殺傷しているフランスを含むＮＡＴＯ諸国による空爆は、「テロ行為」ではなく、「戦争」と認識されています。

また、テロを起こす主体は、歴史的に弱者の立場にあり、強者の側に対して圧倒的な怒りと憎悪があることも、もう一つの非対称的な特徴といえます。

テロリストの背後には、時に絶対的強者ともいえるアメリカやロシアなどの国家の影があったりします。たとえば、アルカイダやタリバンは、そもそも冷戦期、アメリカのＣＩＡとパキスタンの陸海空三軍諜報機関（ＩＳＩ：Inter-Services Intelligence）、そしてサウジアラビアなど金満アラブ諸国が、ソ連のアフガン侵攻に対抗するためにイスラム義勇兵を育成、訓練してつくったものです。

アメリカがテロ支援国家と呼び、現在混乱を極めているシリアには、ロシアが大きな影響力を持っています。こうなると、テロリズムとは、超大国の代理戦争が生んだものであり、単純に「非対称」とはいえなくなります。

テロリズムの概念をかつてないほど大きく揺らしたのは、3000人を超す死者が出た2001年の9・11アメリカ同時多発テロ事件です。そのあまりの衝撃から、ジョージ・W・ブッシュ大統領は「これは第二の真珠湾攻撃だ」と発言しました。つまり、それまでは「テロ対策」として、どちらかというと一国内の警察、それが国をまたぐ場合は「国際刑事警察機構」の管轄だったものが、「戦争」に昇華したのです。

いわゆる対テロ戦争という言葉が生まれたのも、アメリカ同時多発テロ事件がきっかけです。アメリカはこの事件の首謀者であるアルカイダの指導者、オサマ・ビンラディンをアフガニスタンのタリバン政権がかくまっているとして、同国に空爆を開始しました。その時の戦争の言い訳は、「個別的自衛権」です。

その後、アメリカは、イラクのフセイン政権をアルカイダを支援しているという理由で、「個別的自衛権」を大義名分として同国にも侵攻します。個別的自衛権発動の根拠は、アルカイダが9・11で一度本土攻撃しているので国連憲章上の自衛の権利が発生しているというものです。しかしながらフセイン政権を崩壊させ、占領統治を始めるも、アルカイダと結びつく証拠を発見できず、大量破壊兵器保持の嫌疑とともに、それらについてアメリカ自身がガセネタであったことを認めるのです。

「テロリズム」を引き起こすのは、以前は、ある国家のなかで民族独立や外国支配への抵抗という形でほぼ完結していた〝ラジカル〟を含む「インサージェンシー」でした。しかし、インターネットをはじめとする情報インフラの飛躍的な発達に伴い、国境を超え、横につながりネットワーク化したそれらは、「ホームグロウン・テロリズム（自国産テロリズム）」のように「防犯」の対象であるとともに、「戦争」の対象でもある存在へ進化するのです。

我々は、史上初めて、「防犯」と「戦争」の世界を、自由に、縦横無尽に行き来する敵をつくり出してしまったのです。

しかも厄介なのは、旧来のインサージェンシーと違って、彼らは〝敵〟を自分たちの恣意的な解釈でいかようにでもつくるのです。

テロリストは「いじめられっ子」？

インサージェンシーやテロリズムは、降って湧いてくるわけではありません。生まれる背景が必ずあります。

「体制」は、特に自由主義経済では、不可避的に「格差」と、それによる「不満」、もしくは「いじめられっ子」意識を生みます。「いじめられっ子」意識は基本的に個人に宿ります。しかし、同じ意識を共有する被害者が複数いて、そして、そのグループ内で「いじめられっ子」意識が共鳴し合い、ある程度の大きさになる時、グループは極めて内向きに結束します。そのグループが、民族や宗教などの属性で一つに括《くく》れる社会構造がすでにあると、このプロセスはさらに加速します。

そうして圧倒的な集団的被害者意識が生まれます。さらに、それを原動力として、不満の解決のためにはなぜ「体制」を殲滅しなければならないのかを説明し、グループに「運動」の継続を動機づける「大義」が生まれます。そして、「大義」はグループ内ですでに思想という形で存在しているものと結びつき、「絶対化」のプロセスを辿ります。

思想は様々です。共産革命や、逆に共産政権を打倒するためにアメリカが支援する「民主化」もそうです。そして、ＩＳが掲げる「カリフ制」[*4]も。不満だけでは、組織的な蜂起は生まれません。不満を解決するためには〝どんな手段〟をも正当化する大義が必要なのです。我々にとっては残虐に思えるテロ行為でも、大義により正当化されるのです。大義のないインサージェンシーはありません。

ここまで、何かインサージェンシーが一方的に悪いもののように書いてしまいましたが、不満の存在しない潔癖な社会は存在しません。むしろ存在したら逆に気持ち悪い。ただ、現代においては、個人レベルの不満や大義が伝播され、共感される情報インフラが劇的に変化しています。インターネットやSNSの進化は止めようがありません。「いじめられっ子」は緩く横につながり、その共感のコミュニティはグローバルに広がり続けるのです。

インサージェンシーが蔓延るには、以下のような条件があります。

まず、誰の目にも明らかな差別、迫害というような構造的な暴力が存在し、激しい集団的な不満が発生しているところ。たとえばアメリカのイラク侵攻後、占領統治にあたってフセイン勢力（スンニ派）を徹底的に排除し、シーア派が独占する新政府をつくり、それによる迫害が続いたスンニ派が歴史的に先住する地域や、アラブの春以前のシリアで、少数派であるアラウィー派のアサド政権が多数派のスンニ派を強権下に置いているような地域がそうです。

そういうところは、中央から迫害されているわけですから、民主的な「法の支配」は存在しません。中央の治安当局が強烈な「力の支配」をしているところです。こういう状況では、民主的な「法の支配」への渇望も、民衆の蜂起を後押しします。

人間社会には、それがどんなところでも日常生活があります。それが戦時状態であってもです。そして、日常生活には必ず「沙汰」が必要なのです。

たとえば、近所に暴れ者がいて、手がつけられない。みんな困っている。当然警察に通報します。しかし、国家が提供するべき秩序の担い手である警察が何もしてくれない。政府が汚職にまみれていて、給料も末端に届かないから、皆、やる気もありません。「上」の汚職は、「下」にも伝染する。やっとこさ駆けつけてくれても、その対応は賄賂次第である。

ところが、これを「裏」の力に頼めば、翌朝にはその暴れ者はぼこぼこにされて道路に転がっている。民衆はどっちにすがるか。日本でも一昔前にはこんな感じでヤクザが蔓延ったのではないでしょうか。こういう状況がインサージェンシーによる支配の入り口なのです。

つまり、国家による「沙汰」もしくは「法の支配」の〝空白〟でインサージェンシーが台頭、跋扈《ばつこ》するのです。そして、そこに、自らの大義に基づいた彼らの「法の支配」を敷く。共産主義でも、イスラム法でも、彼らの解釈で大義をつくり、それに基づいた統治を行うのです。

最初のうちは効果的な「沙汰」を提供し、民衆の期待に添うように見せますが、次第に「法」に従わない者へ制裁をするようになります。これが「恐怖政治」の始まりです。

シリアやイラクで現在ＩＳが支配する地域や、かつてのタリバン政権下のアフガニスタンの状況は、いずれもこのようなプロセスを辿っているのです。

ネットで培養されるホームグロウン・テロリスト

テロリストが「いじめられっ子」であれば、テロリズムは「いじめっ子」への勇気ある反撃ということになりますが、テロ行為を貫く卑劣さを目にすれば、どう理屈をこねくりまわしたところで、それが正当化される理由を我々は見出すことができません。

以前、離島から引っ越してきた中学1年生の男子生徒が不良グループの少年たちにひどい殺され方をした事件が川崎でありました。主犯格のリーダーの少年自身もかつてはいじめられっ子であり、複雑な家庭環境に育っています。つまり、主犯格の少年もまた社会から差別され、抑圧される立場にあったわけです。テロリストというのは、この少年に似ています。

つまり、テロリズムは、必ずしも自分たちの犠牲の上であぐらをかいている国家権力や経済的勝者だけを攻撃するわけではありません。むしろ自分たちと同じように構造的な暴力に喘《あえ》いでいる民衆を狙うことのほうが圧倒的に多いのです。それは背教者という汚名を着せて、ISがイラクやシリアで日常的に行っていることです。

宗教家という立場では、〝同業者〟のなかでの競争という心理も働いているのでしょう。よりユニークな解釈をその宗教の原理的なものに求め、より新奇なアピールで〝顧客〟を引きつけようとするわけです。これは、イスラムに限らず、どんな宗教もそうです。

いまのままの教義じゃダメだ、何も変わらない、本当の敵はアメリカやイスラエルだけど（ちょっと手強くてあんまり成果があがらないし）、奴らと同じ敵がもっと身近にいる。そいつらを殲滅することも聖なる戦いだ、経典のここの部分もそう読めないことはない……、なんていうノリです。パキスタンなんかでは、こういう急進的な教義に惹かれるのは、「いじめられっ子」だけではなくなってきています。

私が、テロとの戦いの黎明期にアフガニスタンで一緒に行動したアメリカ・NATO軍の関係者の間でも、当初は、前述のように国家の「沙汰」の届かない、そして開発も届かない貧困に喘ぐ地方の貧農地帯がテロリズムの温床であり、教育も受けられない貧しい家庭の若者が過激思想に洗脳されやすいというのが、まあ一応の定説でした。この構造は現在でも依然としてありますが、その後、都市部でのテロ事件が多発し、その動機の調査が進むと、この構造が必ずしもすべてではないことがわかってきています。

つまり、都市部の、貧しいとはいえない家庭の高等教育を受けた人間も、自発的に参加しているのです。そのきっかけとなるのは、そういう過激思想のチラシや小冊子などの出版物、インターネット上のウェブサイト、そしてクチコミです。

自分の宗教的情熱を満たすためにアラブの石油王たちが密かにこういうモノに資金を投入しています。それらは宗教法人やNGOのカタチをとって活動しているので、現実にはなかなか規制できません。

そして、この構造は、先進国にも及びつつあります。たとえば父母、祖父母の時代に移民として定着し、努力の甲斐あって経済的にも成功し、高い教育を受け、何の不自由もなく育ったその子供たちが、突然すべてを捨てて、パキスタンへ侵入。そこでテロリストたちからちょっとした訓練を受けて義勇兵としてアフガニスタンへ。そしてなんとか生き延びて、それなりの達成感を獲得し、先進国の母国に帰還する。こうしてホームグロウン・テロ犯が誕生するのです。

テロ行為を引き起こすのは、もはや過激組織に入った人間とは限りません。今後警戒が必要なのが、自分が居住する国でテロを起こすというホームグロウン・テロリズム（Homegrown terrorism）です。

ボストンマラソンのテロ事件の犯人兄弟は、チェチェン共和国からの移民でしたが、彼らはアルカイダなどのイスラム過激派がネットを通して発信している原理思想に触発され、行動に至ったといわれています。パリのテロ事件の犯人もそうですが、ヨーロッパ各地で起こるテロ事件は、このパターンが多いのが特徴です。アメリカ・フロリダ州でゲイが集まるクラブでテロを起こした犯人も、ＩＳとは直に接したことはないもののその思想に感化され、ＩＳへの忠誠を誓ったという人物でした。

過激派組織にとって、ホームグロウン・テロリストは非常に有り難い存在です。勝手のわからない遠方の土地に出かけて行き、そこに潜入してテロを準備・実行するには、さまざまなリスクや手間がかかります。それがホームグロウン・テロリストであれば、空港や港の税関で入国阻止されることもないし、現地に溶け込んでいる住人ですから服装や立ち居振る舞いで目立つこともありません。過激派組織はメンバーの命を失うことなく、一銭のコストもかからず、テロの直接的責任を問われることもありません。

インターネット上で過激思想を煽り、それに刺激されるトラップを巧みに仕掛けておけば、世界各地で自動的にテロリストが誕生するわけです。

いまのところISは日本語を使ってネットで情報発信をしていません。

しかし、彼らがもし日本語版のHPを立ち上げ、SNSの発信も日本語で行えば、日本人のなかからもホームグロウン・テロリストが生まれる可能性は十分に考えられることなのです。

「自分探し」からテロリストになる人たち

以前、ISの人質の処刑動画にしばしば登場して話題になり、最近評伝まで刊行された通称、ジハーディ・ジョンの正体とされているモハメド・エムワジ容疑者は、少年時代クウェートから家族で英国に移住し、大学でコンピューターを学び、プログラマーをしていました。彼は英国情報局保安部（MI5）からイスラム過激派分子の疑いをかけられ、監視や嫌がらせを受けていたといいます。ジハーディ・ジョンの正体が英米当局によってモハメド・エムワジ容疑者と特定される以前は、ラッパーとして活動していたエジプト系英国人アブデル・バリーがジハーディ・ジョンではないかと疑われていました。ジハーディ・ジョンはロンドンの高級住宅街で裕福に育ちましたが、父親がアルカイダと関係のある人物でした。

パリの同時多発テロ事件の首謀者とされているモロッコ系ベルギー人も、少年時代は最難関の学校へ進学できるくらい優秀で豊かな家庭の出でした。

彼らのような移民の2世、3世は経済的に貧しくなくとも、何かの機会に人種差別を受けたことで、理不尽な怒りを抱えていたりすることは十分考えられます。ただそこにイスラム過激思想がブレンドされるだけで単純にテロリストになるのかというと、決してそうではないと思います。

イスラム系のテロリスト組織に参加するのは、イスラム教徒とは限りません。非イスラムでありながら、自分が所属する豊かな資本主義社会に疑念を抱き、突然イスラムの理念に目覚めて改宗し、テロ組織に入っていくパターンも最近は増えています。フランスの地方の反戦活動家たちが一斉にイスラム過激派に転向した例もあります。

彼らはISのSNSを使った巧妙なリクルートに接し、思い立ったように生まれ育った国を捨て、イラクやシリアへ渡航するのです。

そもそも、こういう宗教を超える現象は、いまに始まったことではありません。リビアのカダフィは、彼の隆盛期だった80年代に、後に「独裁者のハーバード」と渾名《あだな》される「世界革命塾（World Revolutionary Center）」を開き、アフリカ各地から、宗教を超えて「革命家」を集め、訓練し、野に放ちました。

そのなかにいたのが、私が深く関わったシエラレオネ内戦で50万人の犠牲者を生んだ、あの反政府ゲリラ「革命統一戦線」のフォディ・サンコー、そして彼を支援した隣国リベリアのチャールズ・テーラー元大統領です。テーラーはキリスト教徒です。後に、サンコーは獄死、テーラーは、現在シエラレオネ内戦の戦争犯罪の首謀者としてオランダのハーグ国際法廷に収監されています。インターネットがない時代の話です。

これからも派生に派生を重ねるであろう過激思想は、ネットという80年代にはなかったインフラをフルに活用していきます。今後も、世界各地、特に我々先進国の消費資源と密接に関係のある地の「不満」を縦横無尽に取り込んでゆくでしょう。

先進国において、それなりに恵まれた家庭に生まれた移民の2世、3世や、非イスラム圏の人間がISのような過激派組織に入るケースには、イスラム原理主義の大義や中身への共鳴以前に、「自分探し」の要素が根っこにあると思います。

その端的な例が、以前イスラム国に渡航するといって騒ぎになった北海道大学の学生です。この学生は、都内の古書店内でシリアへの渡航を呼び掛けるポスターを見て、ＩＳへ参加しようと思い立ったといいます。はっきりとした動機は不明ですが、就職活動がうまくいかず、将来を悲観し、自殺願望をほのめかすようなコメントを当時残していたことから、ここでない別のところで新たな人生を生きようとしていたのでしょう。簡単にいえば「自分探し」です。

バングラデシュで起きたＩＳによるテロ事件の犯人グループも、大半が豊かな家庭の出身で高い学歴を持っていたそうですが、豊かな生活環境から生まれるテロリストというのは、往々にして自分探しという動機を出発点に持っているように見受けられます。

日航機「よど号」を乗っ取って北朝鮮に亡命した日本赤軍の連中は、革命戦士を気取っていましたが、彼らもまた自分探しを背景に、革命の大義を引っ張ってきたのだと思います。世界最終戦争・ハルマゲドンを自ら起こそうとしたオウム真理教もそうです。彼らは自分探しの到達点を教祖が掲げる理想の王国に見たのです。

豊かな環境のなかで自分探しをした果てに過激行動に走る人たちは、絶対的な貧困と差別構造のなかから生まれるテロリストとは、明らかにタイプが違います。

彼らがテロリストとなった動機のなかにも、社会の貧困や差別と闘うといった要素を見てとれることもあるでしょうが、それよりも成熟した社会のなかで生きがいを持てず、未来に希望を抱けないというメンタリティから生まれてくるもののほうが大きいと思います。あてどのない自分探しに走り回った結果、革命という物語に吸い取られ、はまってしまうのです。

ＩＳには現在、アメリカ、カナダ、フランス、ドイツ、中国、韓国など五十数か国から若者たちが参加しているといわれています。ＩＳに加わるためにシリアに入ろうとしてトルコ国内で逮捕された外国人は２０１５年の１月から12月までで、計９１３人に達しました。ＩＳ、そしてＩＳ的なモノは、これからも巧みなプロパガンダ戦略を用いて、欧米を中心とする先進国から、絶望と諦めから再生をはかろうとする若者たちをリクルートしていくのでしょう。

日本もこうした流れからは、決して無縁ではいられません。経済格差が広がり、人口減少や高齢化の問題で社会のひずみが大きくなり、社会不安が増大していく一方なのが、いまの日本です。当然のように自分探しに走る若者はさらに増えていくことでしょう。そのなかからインサージェントとして〝過激化〟する者が出てこないとは限りません。

将来的にＩＳの国はできるのか？

ＩＳがどんなに強大になっても、いまより劇的に地理的な「領土」を拡大することは、軍事的に不可能でしょう。「沙汰」を蔓延らせることで、ある程度の地上は制覇できるでしょうが、ＩＳは制空と制海を裏づける軍事力をこれからも持ちえないと考えられるからです。

ＩＳの動向に関しては、それに触発されるホームグロウン・テロなど、直接的な指揮命令系統に縛られず、「戦場」以外の場所で活動するタイプへの警戒も必要です。

何の罪もない一般市民を対象とした無差別テロ事件の報道に接すると、こんなことをしてテロリストは自分たちの大義や理想が本当に実現できるとでも思っているのか？　という感想を抱く人は少なくないと思います。なかには、「ただの弱者の遠吠えじゃないか」と感じる人もいるでしょう。

テロリストたちが目標とする理想のレジームづくりというゴールからすれば、そのような卑劣なテロ行為は、一見ほとんど意味をなさないかのように感じられます。目標を目指して行動しながらも、それに到達することがなかなか叶わなければ、テロリズムの勝算はかなり低いことになります。

けれども、テロ行為のさしあたってのゴールが、彼らが反対する国や社会に心理的なショックを与え、動揺させることにあるのなら、ほとんどのテロは成功しているといえます。彼らがそれ以上先の目標に向かおうとしない、つまり長期的な展望に立ち、具体的な計画性を持って着実に事を進めることがないように見えるのは、そもそもそんな余裕がないからです。

では、テロを重ねることで理想のレジームをつくるという彼らの最終的なゴールは、勝算の低いものなのでしょうか。最終ゴールまで行く確率が高いか、低いかといえば、やはりそれはかなり低いといえます。それゆえに次から次へと新たなテログループが生まれるわけです。

では、最終ゴールを目指す思想や行為は非現実的かといえば、決してそうではないと思います。歴史をひもとけばロシア革命、中国の文化大革命といった赤色革命をはじめ、最近ではアメリカと国交回復をしたキューバや、インドネシアから独立した東ティモールといった国々は、まさにインサージェントが勝利した例といえます。

テロリスト組織が拡大し、新たなレジームを打ち立てようとする過程が現実味を帯びてくれば、組織は暴力に訴える荒っぽいやり方だけに固執するわけにはいかなくなります。

なぜなら、領土の支配を進めるには、同時に人心をも掌握していかなくてはならないからです。人心がついていかなくては、新たなレジームとなる基盤は築けません。

たとえばISは現在、極悪非道なテロや軍事行動を重ねていますが、仮に10年、20年かけて今後、その組織が成長していけば、彼らもそれなりの「分別」をつけてくる可能性はあります。その過程では分別を持った穏健派と、より過激な行動を好む武闘派に分裂することもあるでしょう。そんな分裂と統合を繰り返しながらも、ISが分別を持った組織として成長し、文字通り国家と呼べる体裁を実際に整える日が来ないとは限らないのです。

テロ組織の膨張を加速するネットの威力

9・11アメリカ同時多発テロ事件が起こった時、オサマ・ビンラディン率いるアルカイダがテロを行ったというビデオを放映したのはカタールにある衛星テレビ局アルジャジーラです。その後、欧米の主要メディア会社もそれを放映しようとしましたが、それを察知したアメリカ政府は、すぐに、報道規制をかけます。それを流してしまえば、それこそ敵の思うつぼ、つまり社会を恐怖に陥れ、過激思想のプロモーションになってしまうからです。

ビデオでは、ビンラディンが、「巨大なビルが破壊され、米国民は恐怖におののいている。米国民が味わっている恐怖は、これまで我々が味わってきたものだ。神は米国を破壊したムスリム（イスラム教徒）の先兵たちを祝福し、彼らを天国に招いた」と殉教を讃《たた》えていました。

各メディアは、「報道の自由」との葛藤の末、編集を加えて、ビデオの内容を報道することになります。当時は、インターネットやSNSがいまのように普及していませんでしたが、いまでは、即座に編集なしで、そしてほとんどタダで、拡散できるのです。

犯行声明を送っても、メディアや政府が影響を考慮して、自主的に規制をかけることがあります。たとえば、人質を誘拐された時には、その国の政府やマスコミがテロリスト側の情報を入手していても、交渉への影響を考えて、自らをコントロールする力が働きます。

アメリカではテロや戦争の問題をマスメディアが扱う際の、自主規制に関するガイドラインが実際に存在します。しかし、インターネットやSNSがここまで普及していれば、マスメディアによる報道規制の効力は、あってないようなものです。

テロ組織は、ネットやSNSを通して、自分たちの思うままに情報を発信できます。それによって誘拐した人質の交渉を有利に進めることも、組織の存在を世界に向けて強くアピールすることもできます。テロリスト側からインターネットやSNSによって重要な情報が配信されれば、大手マスコミは、それを使って追認しなければなりません。それを料理して報道するくらいしか、生き残る道はないからです。「報道の良心」といっても、マスコミは、所詮、営利組織なのです。

ISには「フルカーン」という広報局があり、ここにはテレビや新聞などでジャーナリストの経験を積んだ人材が集められているといわれています。日本人人質事件もそうでしたが、誘拐した人質や敵の殺害シーンをユーチューブをはじめとする各種動画サイトを通じて配信し、力と恐怖のアピールを行っています。

またISは、ツイッターやフェイスブックなどのSNSに多数のアカウントを開設し、その活動への参加を呼び掛けるというリクルートや支持・賛同者による資金カンパにもとても熱心です。

ネット上では、ISを支持するグループと、攻撃するグループ両方の大きな動きがあります。ISへの明確な支持を掲げている「サイバーカリフ」というハッキング集団もその一つです。彼らはISに敵対する勢力や批判的なマスメディアのHPやSNSのアカウントをハッキング攻撃します。最近ではアメリカ中央軍のツイッターとユーチューブの公式アカウントを一時的に乗っ取ったり、ニューズウィーク誌のツイッターアカウントをハッキングしたりしています。

サイバーカリフとは反対に、ISへの敵対宣言をしているのが、政治や社会への抗議活動を行っている国際的なネットワーク、アノニマスです。アノニマスはSNS管理会社に違反報告を行うという人海戦術によってISのツイッターやフェイスブックなどのアカウントの相当な数を閉鎖に追い込んでいます。ただし、ISは1か月に数万件ものSNSのアカウントを新たに開設するので、いたちごっこの状態です。

もっとも、SNSに書かれるISの動向をフォローすることは、彼らを攻撃する際の重要な情報源にもなるので、あえて野放しにすることも必要なのです。

このようにインターネットやSNSは、過激派組織の戦略を有利な方向へ大きく変える役割を果たしています。宣伝、リクルート、資金集め、この3つがテロリスト組織にとってインターネットやSNSを使う最大の目的です。

イメージを増幅させるネットの力を最大限に活用することで、彼らは自分たちの存在感を実体以上に大きくアピールすることに成功しているのです。

＊4―カリフとはイスラム共同体の最高指導者を指す。ムハンマドの死後、その後継者を、カリフとして選任するか、ムハンマドの血統で世襲にするかでスンニ派とシーア派に分裂し、今日に至るが、カリフ制はスンニ派のみが掲げる。1922年にオスマン帝国が滅亡し、カリフ制も終焉するが、スンニ派イスラム主義者には、その復興を説く者が多い。2014年、シリアとイラクで勢力を拡大していたISの指導者バグダディ師は、カリフ制の国家樹立を宣言し、カリフに就任した。後に、アルカイダの最高指導者ザワヒリ師は、バグダディ師を「偽者カリフ」と主張するメッセージを発表し、ISの国家樹立を否定している。

第4章 テロリストは日本をどう見ているのか

ブラッド・ピットがテロリストの人質になったら……

ＩＳによる日本人人質事件では、日本政府はイスラム国の2億ドルの要求に対して、それには応じないという姿勢を表明しました。その背後にはアメリカからの強い要請もあったとされています。

当のアメリカはどうでしょう。アメリカは、基本的に、身代金の支払いは断固として行わないという立場を固持してきましたが、２０１５年6月、オバマ大統領は、「人質の家族が身代金を支払うのであれば、それを容認する」という新たな方針を発表しました。

方針転換のきっかけとなったのは、２０１４年にアメリカ人ジャーナリストが拘束され、殺害された事件でした。人質の家族がインターネットで身代金のカンパを募ったことに対し、アメリカ政府が身代金を支払えば訴追するとして許さなかったのです。

しかし、アメリカ政府の対応には、国民の間から「人質を見捨てるのか」という強い批判の声が上がりました。こうした世論の動きを受け、政府はテロ組織に譲歩しないという原則は堅持するものの、家族が身代金を支払っても刑事訴追せず、テロ組織との人質解放交渉も拒否するものではないと声明を出したのです。

ところで、映画のような想定ですが、もしハリウッドスターのブラッド・ピットやアメリカの大統領がテロリストに拉致されたら、アメリカ政府はどんな対応をとるでしょうか？

まず世論は、「ブラッド・ピットを救え！」「大統領を救え！」という声で大きく盛り上がるでしょう。また政府はテロ組織と人質の交渉には応じないというこれまでの姿勢を転換したわけですから、ハリウッドスターや大統領の救出に向けて、リスクの高い軍事救出作戦をとることより、まずは積極的な交渉を展開するほうを選ぶと思われます。

そもそもテロリストとの交渉には絶対に応じないという姿勢は、強い国家を求める国民に対するアピールでもあります。そんなアメリカが方針を変えた背景には、長期化しているアフガニスタン戦争や、イラク戦争の後遺症であるISとの戦いから来る厭戦《えんせん》感が、国民の間で強まっていることがあるのかもしれません。

もっとも、強硬姿勢の裏では、必要に応じて交渉をすることがあります。

２０１４年にはアフガニスタンのタリバンに拘束されていた米兵の解放と引き換えに、収容していたタリバン幹部５人を仲介国カタールに移送しています。これに対しては「二重基準」との批判を浴びています。

人質の身代金はいまや、過激派集団にとっては組織を維持していく上で欠かせない大きな資金源になっています。たとえば、ニューヨーク・タイムズ紙は、2014年時点で2008年以降、ヨーロッパ諸国がアルカイダに払った身代金はわかっているだけで、1億2500万ドル（約146億円）になると報じています。また、国連安全保障理事会の最新の報告書によると、イスラム国がこの1年間で得た身代金収入の総額は「3500万ドル（約41億円）～4500万ドル（約53億円）」と推定されています。

国連安全保障理事会は加盟国に対して、テロ組織を助長させる身代金の要求には応じないことを求める決議を採択しています。しかし、建前と現実は違います。表向きはテロリスト組織の要求には応じないとしながら、人質の身代金を要求されたフランス、ドイツ、スペイン、イタリア、スイスなどの欧州各国は、裏では交渉を行っているといわれています。

2010年、北アフリカのニジェールで、フランスの原子力プラント企業の従業員7人がイスラム過激派組織「イスラム・マグレブ諸国のアルカイダ」に誘拐され、3年後に人質全員が解放されるという事件がありました。フランスのオランド大統領はテレビインタビューで否定していますが、実は解放の水面下ではフランス政府が2000万ユーロ（約

27億円）以上を支払っていたことが後に報じられました。2014年に起こったイスラム過激派組織ヌスラ戦線によるイタリア人女性の誘拐事件に際しては、イタリア政府は1200万ドルを身代金として支払ったとイタリアのメディアが報じています。

先のISによる日本人人質事件では、2億ドルという巨額の身代金要求には応じないという姿勢で臨んだ日本も、過去においてはバングラデシュのダッカで起こった日本赤軍による日本航空機ハイジャック事件で、600万ドル（当時のレートで約16億円）の身代金を支払い、勾留中の過激派メンバー6名を解放したことがあります。また、1999年にキルギスでウズベキスタン・イスラム運動に日本人技師ら4名が誘拐された時は、日本政府は否定しているものの、300万ドル（約3億円）の身代金が仲介者に支払われたと、キルギス政府関係者が明らかにしています。

このように建前と現実とは違うのです。

それでは身代金を払うことなく、人質を救出できる可能性は、どの程度あるのでしょうか。人質の交換交渉も身代金を巡る交渉も、解決への糸口をつかめなければ、残りは特殊部隊などによる救出作戦しかありません。

アメリカ、イギリスそしてフランスは、その帝国主義的な歴史上の性格から、世界規模で軍事拠点のネットワークを持っています。そのような国の特殊部隊は精度の高い情報収集能力と高いスキルを持ち、救出作戦を遂行する能力を十分に持ち合わせているといえます。

しかし、それでも成功させるのは極めて難しいといわれています。軍事専門家の間では、数十回に1回成功すればいいという見方もあります。失敗すれば、人質はおろか特殊部隊の隊員の命まで犠牲になってしまうわけですから、かなりリスクが高い賭けです。特殊部隊を使った救出作戦によるハイリスクを考えれば、結局は身代金を支払うか、捕虜と交換するしか、有効な選択肢はないことになります。

仕方がないとはいえ、身代金を簡単に出してしまえば、テロリスト集団を助長させるのは事実です。

もっとも、テロ組織にとっては、頻繁に誘拐事件を起こして身代金を要求するのは、マイナスの面があります。資金づくりへの過度な執着を見せつけることは、テロリスト組織が掲げている大義や思想の正当性、精神性を損ないかねないものにするからです。

ISが日本人の人質事件で、現実離れした途方もない身代金を要求してきたのは、初めから人質を解放する意思がなく、自分たちのイスラム復権運動の精神性を純粋にアピールする目的があった可能性が考えられます。

そもそも身代金の交渉は、事実が公表される前に水面下で密かに進められる性格のものです。後藤健二さんたちが人質になった時、あのような形で大っぴらにされたのは、ISが身代金ではなく、自分たちの大義の宣伝の場として彼らを利用しようという意思が強く働いたと判断するほうが正しいのかもしれません。あの時点ですでに日本は大義上の敵になっていたのです。

日本はテロのターゲットになりやすい

イスラム武装勢力による日本人ジャーナリストらの人質事件は、安倍晋三首相の中東歴訪の際の演説が影響を与えたといわれています。

安倍首相がエジプトのカイロで「イラク、シリアの難民・避難民支援、トルコ、レバノンへの支援をするのはISがもたらす脅威を少しでも食い止めるためである。そのために2億ドルの無償資金協力をする」という趣旨の演説を行った2日後に、ISは拘束している日本人の人質の身代金として、2億ドルを要求するという声明を出しました。

ちなみに日本の難民支援というのは、日本が自らの手を使ってするわけではありません。

国連機関にお金だけ渡して、実際の援助活動は丸投げするだけです。

この時の演説のメインテーマは、中東全体にインフラ整備や人道支援など非軍事の分野で25億ドルの支援を約束するというものでした。後日、外務省筋がリークした情報によると、ISと戦うイラク、シリアをはじめ、その周辺国へ2億ドルを支援するという部分は外務省が用意していた原稿にはそもそもなかったそうです。それが事実なら、このくだりは安倍首相本人か、その側近筋が、即興で付け加えた可能性が高いということです。

「ISと戦っている国に2億ドルを支援する」――この発言がISを刺激することは、外務省のアラビア通ならすぐわかることです。

日本人2人がISに拘束されているという事実は、日本政府は随分前から知っていたわけですから、その時点でISを不用意に刺激するような原稿を外務省がつくるわけがありません。その意味では、人質事件に対する首相サイドの責任は重いものがありますし、日本政府の危機管理意識はかなり低いといわざるをえません。

ISにとって安倍首相の発言は、「待ってました」といわんばかりのものだったはずです。当初、ISにとって日本人の人質は資金づくりのために利用する駒だったと思われます。しかし、それが思うように進んでいなかったところに、安倍首相の発言が飛び込んできた。それは自分たちの大義を世界に向けてアピールする絶好の口実を提供してくれるものだったのでしょう。

ＩＳは安倍首相の演説を受け、「日本はイスラムから8500キロも離れながら自発的に十字軍に参加した。（中略）日本人の命を救いたければ、2億ドル支払うために72時間の猶予がある」という声明文を発表しました。

ＩＳは本気で2億ドルもの巨額の身代金をとれるとは思っていなかったでしょう。この段階でＩＳは、人質を身代金交渉に使うのではなく、自分たちの大義の正当性を世界に向けてアピールする手段として使おうという戦略に切り替えたのでしょう。

テロリズムは、それが巣くう場所において、大義に基づいた恐怖政治を行うのです。その大義には「こいつらが悪いんだ」という敵が必要なのです。大義上の敵がいないと、恐怖政治の代償を、支配する民衆に訴えられません。でも、大義上の敵への攻撃が思ったような成果をあげられない時、どうするか。それと同じ大義上の正当性が示せる新しい敵、それも、よりソフトなターゲットを見つけようとするのは理の当然です。

そういうソフトターゲットに、うまく当てはまるのが日本なのです。

アメリカを体内に抱える日本が大義上の敵になるのは、安倍首相の演説がなかったとしても、時間の問題だったでしょう。でも、わざわざ日本自らがそれを早めることはないのです。それも余計な一言で。

安倍首相の発言は、ISにとっては、横から「喧嘩《けんか》を売られた」ととれるでしょうし、その後のアメリカ軍を支援する安保法の成立は、日本をより明白な大義上の敵にする論理の構築を後押ししたはずです。

ちなみにISは、最近になってネット上で公開した英字機関誌「ダビク」で、インドネシアやマレーシアなどの日本国大使館を攻撃するよう呼びかけています。

イスラム恐怖症がテロリストを先鋭化させる

ISは、自分たちと敵対する欧米諸国を、しばしば十字軍[*5]になぞらえます。日本人人質事件の際に出されたISの犯行声明では、日本も十字軍のメンバーになっていました。十字軍のラベルを貼るISの意図は、テロは全世界のイスラムのためであって、それゆえ神聖な手続きであるというアピールです。

もっとも、こんな図式に単純に乗ってしまうような人は、イスラム世界でも少数でしょう。しかし怖いのは、イスラム恐怖症（イスラムフォービア）にかられた人たちが、この図式を裏返しに利用することです。そして、ＩＳはそれを狙っているのです。イスラム教徒がさらに差別され、憎悪を高め、過激思想を支持するのを。

２０１２年、米軍幹部の教育機関である米統合軍参謀大学で、一人の教官（現役アメリカ軍中佐）が、イスラム恐怖症むき出しのとんでもない授業を行っていたことが内部告発で明らかにされました。

その内容とは、世界に14億人いるイスラム教徒と全面戦争になった時、無差別攻撃は容認されるものであり、広島、長崎の原爆投下や東京大空襲などの前例は、イスラムの聖地メッカやメディナにも適用可能であるというものでした。

米国防総省は、この授業は政治的に不適切との声明を出し、発覚後すぐに中止しました。私はこの教官が制作した教材の一部を見ましたが、テロリストとの戦いをイスラムという概念との戦いとしてとらえていることは明確でした。彼は、マジョリティである穏健なイスラム教徒も、テロリストになりうることを、この教材で強調しているのです。つまり、穏健なイスラム教徒はいない、と。

アメリカが広島と長崎に原爆を落とした心理も、これに通じるものがあります。大多数の静かな日本の民間人も、仮面をかぶったモンスターである。だからすべての日本人が攻撃対象になると。こういうふうに、当時のアメリカ人は、無差別攻撃を否定する戦時国際法[*6]と良心の呵責を、心理的に乗り越えたのだと思います。

現在でも大多数のアメリカ人は、太平洋戦争を早く終結させたものとして原爆投下を正当化します。一般のイスラム教徒をテロリストと同類と見なす心理は、核兵器の使用を決断した当時のアメリカの指導者、そしてそれを支持したアメリカの一般民衆と同じです。

ヨーロッパ諸国においてイスラム恐怖症という現象は、経済格差を背景としながら、露骨な社会問題となって表れています。

オランダでは、だいぶ前に、ある政党がハラール（イスラム法上許された習慣作法）にのっとった牛などの屠殺《とさつ》は、無用な苦しみを動物に与えるとして、ハラールを禁止する法案を議会に提出しました。イスラム教徒は豚肉を食べませんが、それ以外の肉に関してはアラーに祈りを捧《ささ》げながら、動物の喉元を刃物で切って屠殺したものだけを食べます。そんな慣習がない人間にとっては、とても残酷に感じられるのだと思います。この法案に対しては、イスラム教徒のみならず、彼らと同じような厳格な宗教儀礼のあるユダヤ教徒も、「宗教の自由を否定する」と共同して反対の声を上げましたが、結局通ったそうです。

フランスでは、学校など公共の場におけるイスラム教徒の女性のヒジャブ（頭部を覆うスカーフ）着用を禁止しています。ヒジャブを着けるという習慣はたとえ自分の意思であっても、女性の人権を抑圧する象徴として、フランス人はとらえているのです。ヒジャブの着用禁止はイスラム恐怖症から来るものではありませんが、イスラム教徒からすれば、その延長線上の差別という印象を持つでしょう。

ヨーロッパ社会は最近のシリアの混乱で、イスラム系の移民が急増しており、イスラム恐怖症が衰える兆しはありません。こうなってくると、イスラムの人たちも自分たちを防御しなくてはという気分になってくるはずです。そして、そういう人たちはより閉鎖的に集住するようになり、外に対して内側から心理的な槍を向けるようになります。それは、善かれ悪しかれ、ムスリムという属性への回帰を促し、先鋭化した原理主義者が生まれうる素地を広げるという悪循環になります。

イスラム恐怖症は、「職が奪われる」とか、「一夫多妻制で子だくさんだから放っておくと白人が少数派になる」とかの被害妄想です。さらに、日常の平和を突然壊す過激なテロ事件が頻発すれば、ムスリムを見ればテロリストを連想するという被害妄想も膨らみます。しかし、イスラム恐怖症は、結果として、イスラム教徒を追い詰め、テロリズムへの引き金になる——。この堂々巡りをどうするかが問題なのです。

福一を国連の統治領にしてもいい

日本という国は、ロシア、中国、北朝鮮のほうに向いて、平べったい弧のような形をしています。その長い弧には北から南まで現在16の地域に原子力発電所が設置されています。

このことが国防上、非常に由々しき問題をはらんでいることはすでに述べました。

福島の原発事故は、テロリスト組織に大きなヒントを与えたといわれていますが、実際、2016年に起きたベルギーの連続テロの容疑者から押収した資料のなかには、ベルギー国内の3か所の原子力発電所への襲撃計画を裏づけるものがあったと報道されています。

原発テロリストからすれば、これから欧米での原発警護がもっと堅固になるなか、長い弧の上に並べられた日本の原子力発電所は、その代替となるよりソフトな「大義上の敵」となりえます。

それなのに日本では、2章で述べたように、商業原発にエンベッドな武装警備を可能にする法的インフラさえありません。日本の原発は海側に建てられていますから、海上からの攻撃も想定しなければならないという二重の脆弱さがあります。

繰り返しますが、現在、原発専門の警察の特殊部隊（原子力関連施設警戒隊）と海上保安庁の巡視船が警備にあたっています。しかし、中央に機動特殊部隊をつくればいいという話ではないのです。

そして、これも2章で強調したように、たとえアメリカ並みのエンベッド体制ができても、それで十分とはいえないのです。社会として二重三重の監査・監視体制が必要なのです。

最も重要なのは、テロリストが原子力施設を攻撃対象としていると、国民が意識することです。

核セキュリティという点で、日本ほど脆弱な国はないのです。

福一の廃炉作業には全国から作業員が集められていますが、前述した毎日新聞の指摘以降、何も変わっていません。使用済み燃料を取り出す廃炉作業というのは、テロリストの目線で見ると格好の攻撃対象です。より少量の爆発物さえあれば破壊できるわけですから。特に危ないのは、使用済み燃料プールです。

私がもし首相になったら、廃炉作業が進む福一を、即、東京電力から切り離して国有化します。そして内部犯行を防止するために元請け企業の担当者から下請け、孫請けと続く末端の作業員まですべてを国家公務員にし、一人ひとり3代前まで遡って身上調査を行い、再雇用します。機密を扱う国家公務員以上の素性調査です。

もし、日本の政治がモタモタするなら、いっそ、福一の半径10キロメートルを堅固で厚い高い壁で覆って、そのなかを国連直轄の信託統治領とし、日本と遮断する選択肢があってもいいのです。つまり、主権を放棄するわけです。そして、福一の後始末を〝世界〟の責任にする。その決議に向かって国連安全保障理事会を動かすには、「もう日本だけではどうにもできない。このままだと、放射性物質の世界への拡散は止められない」という〝泣き〟が必要です。日本政府だけでなく、世界の「金」と国連が管理する「人材」をここに集中させるのです。そして、廃炉作業が進む原子炉建屋のカバーを、テロリストが使うと想定される爆発物ぐらいでは壊れない、そして半永久的にメンテナンスができるような画期的な建造物にする国際コンペを開催するのです。

福一を「国際化」したら、国連に雇われた従業員も国際化するから、グローバルテロリズムに対してさらに脆弱になるのでは？　と疑問に思う方もいると思います。でも、2章で扱ったアメリカの試行錯誤のように、リスクのない核セキュリティはないのです。いまは時間との勝負なのです。テロリズムは待ってくれません。

日本の政局や世論は、一種の概念論争に陥り、袋小路の状態です。「原発ハンタイ」には時間の余裕があるでしょうが、核セキュリティはいますぐ対応すべき喫緊の問題なのです。

このまま「国際化」しなくても、テロリストは福一に照準を合わせているでしょう。「主権の放棄とは何事だ！」とウヨクの皆さんはいうでしょう。気持ちはわかりますが、これは「国防」の問題なのです。それに、日本はすでに、戦後から70年以上、その「国防」のために、主権を放棄し続けています。

後の章で詳しく展開しますが、主権を放棄させているのは、在日米軍基地や横田空域の存在です。ドイツやイタリアのような旧敗戦国を含め、米軍を体内に置く国は数あれど、基地、空域の管理権の回復だけでなく、地位協定そのものを改定できていない、世界でも稀な国が日本なのです。これは、ものすごい「在日特権」なのです。これに比べれば、国連信託統治なんてチョロいもんです。

福一の事故をきっかけに反原発運動が盛んになっていますが、反原発派が望むように国内の原子力発電所の稼働が止まり廃炉になっても、使用済み核燃料、廃棄物を含め放射性物質は、半永久的に残ります。原発がすべて廃炉になっても、核セキュリティの問題は、そのまま残ります。ソ連崩壊後の核施設の「管理放棄状態」が生んだあの恐怖のように、核セキュリティにとっては、「管理されない」ことが最大の脅威なのです。廃炉できた、バンザイ、では済まないのです。

仮に管理を営利企業に任せても、採算がとれなくなったところで、管理が手薄になってしまいます。だからこそ、国の責任に、それができないなら、「世界」の責任にする体制を構築するべきです。

その「世界」はというと、中国をはじめ、これまで原発後進国だった国々では、原発施設はこぞって増加傾向にあります。

原発など原子力の平和利用は、核による通常戦の抑止と、5大国にその保有を限定した国連レジームの延長線上にあります。そして核先進国は発展途上国でも保有できる「貧者の核」を阻止するべく、なんとか各国の原子力政策の内側に食い込んできました。つまり、「平和利用の支援はするから、核兵器への濃縮はダメよ」とするしか統制する術《すべ》がない。これが核不拡散の現実なのです。

パキスタンは、その「平和利用」の支援の対象国であり続けていますが、CIAが諜報網をフルに使っても探知できない極秘の場所に、核弾頭を隠し続けています。この国は、グローバルテロリズムの歴史的な震源地ですので、もし体制が崩壊したら……。人類の滅亡を描いた近未来映画にありがちなシナリオは、この国が引き金になるのかもしれません。

反核、反原発運動がどれほど日本国内で盛り上がり、その目的を達成できても、核弾頭から信管を外しても、原発を廃炉にしても、テロリズムの攻撃目標になりうる核セキュリティ上の脅威は変わらないのです。むしろ廃炉を決めた後のほうが、脆弱性が増すのです。日本は核兵器による唯一の被爆国であり、福一の事故を経験した国として、反核、反原発の思想を牽引する世界のモラル・オーソリティの立ち位置を維持することが重要だと思います。こういうのをウヨクはサヨク思想と呼び、サヨクのほうも「反原発」をどんどん「教義化」し、凝り固まる。

しかし、グローバルテロリズムはそんなものを気にも止めません。核セキュリティは、「ウヨクvsサヨク」を超える問題なのです。

テロリストが重宝している日本の輸出品とは

平和憲法、並びに日本の平和主義を象徴するものに、「武器輸出三原則」があります。これは、日本の武器や軍事技術が、海外の戦場で使われ、国際紛争を助長しないよう輸出を禁止する政策で、その対象地域は「共産主義国」「国連決議で武器輸出が禁止されている国」「国際紛争の当事国」の3つです。

安倍政権は、2014年に武器輸出三原則の緩和を閣議で決めましたが、武器の装備品に関する高度な技術や、実際の武器関連製品が海外に輸出されやすくなることは、テロリストたちを利するでしょうか？

ISやタリバンなどの過激派組織が使っている武器を見れば、その影響はほとんどないといっていいでしょう。彼らが重宝する主な武器は、旧ソ連やロシア製の自動小銃カラシニコフ（AK47）やロケット砲（RPG）です。カラシニコフ、ロケット砲は中古品が大量に出回っています。これらの製造は特許制になっており、中国も正式に生産しています。そして、パキスタンなどでは、極めて性能のいい模造品も生産されています。アフガニスタン、シリア、イラクなどには、たくさんの売買ルートが存在しているといわれています。これらは使い勝手もよく安価ゆえに、貧しい過激派組織にとっては格好の武器といえます。それゆえテロリストが使う武器市場に、日本製の技術が入っていく余地は、いまのところ少ないと思います。

実は、日本からの輸出品でテロリストを利するものは、武器などではなく、自動車なのです。

たとえばトヨタのピックアップトラックやスポーツ用多目的車（SUV）は、私が紛争地で使った経験からいっても、ずば抜けた性能を持っています。砂漠のような悪路を自在に走る走行性能や、荒っぽい運転をいくらしても壊れない耐久性があるし、荷台は重装備の武器を搭載しやすいつくりになっている。テロ対策として武器の輸出を規制するなら、こうした車の紛争地域やその周辺国への輸出を規制すべきだと思います。

欧米などでは、実際に自動車メーカーの自主規制の動きがあると聞きます。

先頃ネットで、イラクの民兵組織がリンチして殺した住民を見せしめに車でひき回している写真を見ました。車の後部には堂々と「ＴＯＹＯＴＡ」の文字が入っていました。まさに日本の車が、過激派が暴れる紛争地域でどれだけ貢献しているかを象徴するような写真でした。

ＩＳがトヨタの車両を多く使用しているということで、最近になって米財務省がその入手経路などを調べるために、トヨタに情報提供を求めているという報道がありました。トヨタは「テロ活動に転用される恐れのある人物や団体に車両を販売しないことを明確に定めている」としていますが、相手がテロリスト組織と関連性があるかどうかを調べて販売するのは、現実には不可能です。

テロリストとダイヤモンド

武器ではありませんが、紛争国の内戦やテロリズムを助長する資金源になっているため、売買流通規制の対象になっているものがあります。アフリカで産出されるダイヤモンドやレアメタルです。

ダイヤモンドや宝石は、国際市場で高値で取引されるなど、産出国にとっては貴重な外貨獲得資源です。ところが産出国のなかには、シエラレオネのように内戦を抱えている国があり、このような紛争地域では、反政府組織がダイヤモンドを売って得た外貨を武器の購入に充て、内戦を長引かせる要因にもなってきました。

内戦を早期終結させるためには、紛争地域で産出される、いわゆる紛争ダイヤモンドの取引に規制をかける必要があります。そこで、国際社会は、ダイヤモンド業界の自主規制として、ダイヤモンドの原産地を認証する「キンバリープロセス認証制度」を策定し、2003年に発足させました。9・11後のアメリカのブッシュ政権は、紛争ダイヤモンドの規制を法制化しました。これは当時、紛争ダイヤモンドがアルカイダの資金源になっているという情報がもとになった、「国防上」の措置だったのです。

しかし、日本ではキンバリープロセス認証制度に関しては、宝石販売の専門家の間でもまだしっかり認識されていないようです。私は以前、銀座の一流宝石店で売られているダイヤモンドにキンバリープロセスによる証明書がついているか調べようと客のふりをしてその有無を店員に尋ねたことがあります。店員は何のことか全くわからないようでした。

もっともキンバリープロセスによる原産地の証明書がついているからといって、そのダイヤモンドが紛争地で産出されたものでないとは限りません。

たとえばコンゴ民主共和国は、内戦中にもかかわらず、キンバリープロセス制度の参加国メンバーであるがゆえに、同国で産出されるダイヤモンドは一応は認証されています。また、コートジボワールの北部は反政府軍の支配下にありますが、この地域で産出されるダイヤモンドは、隣国のガーナを経由して合法的なダイヤモンド市場に流入しているといわれています。

また、自衛隊が派遣されている南スーダンとその隣にある、今世紀最大の人道的危機といわれるコンゴ民主共和国。この辺一帯はすべてレアメタルなどの資源国です。

私が知る限り、日本は、韓国と並んで、そういう資源国からの資源を無批判に消費し続ける、先進国で唯一の国です。たとえば、コンゴ民主共和国でとれるレアメタルの一つである「コルタン」は、我々が日常的に使う携帯電話やスマホの小型化に必要不可欠となっています。コンゴ民主共和国には、世界の埋蔵量の8割があるといわれています。

日本が使っているコルタンのほとんどすべては、コンゴ民主共和国から中国を通って国内に入っています。コンゴ民主共和国では、この20年間に540万人（東京の人口の半分です）もの人間が内戦で死んでいるのに、なぜそんな内戦状態の現地から資源が我々の日常の消費生活に届くのか。

欧米では、こういう紛争国からのレアメタルの取り扱いを自粛し、それをCSR（企業の社会的責任）として制度化する動きがすでに始まっています。紛争レアメタルフリーのスマホを開発・販売し、啓蒙するNGO・NPOもあります。アメリカではコンゴ民主共和国からのレアメタルを使っていないという説明責任を企業に課す法律もできています。

日本はどうでしょう。多くの日本人が、「紛争レアメタル」という名称さえ知りません。メディアは、実態を伝えることすらしません。なぜ紛争が起こるか？　一番敏感にならなければならないのは護憲派でしょう。9条の条文を守れば、それでいいと思っているのでしょうか。

結局、原因は、「資源」の消費を可能にする「グローバル経済」なのです。自由主義経済は、必ず格差を生みます。それが国内で完結していれば、構造の犠牲となる下層は容易に可視化でき、福祉政策等のセーフティーネットの整備へと向かうのでしょうが、グローバル経済下では、その下層は可視化するには広すぎるのです。居心地のいい生活を守りたい消費者の防御意識は、彼らを都合の悪い現実から目を背けさせてしまう。情報や経済のグローバル化は、昔ならその地域に限定されていた「不満」をも国境を越えてグローバル化する。そして同時に、ＩＳ的なものを利してゆくのです。

＊5―中世ヨーロッパのキリスト教の諸国が、聖地エルサレムをイスラム教の諸国から奪還すべく派遣した遠征軍。

＊6―原爆投下された際、日本政府は戦時国際法の「無制限の害敵手段の使用禁止」と「不必要な苦痛を与える兵器の禁止」に違反するものとして、永世中立国だったスイスを通してアメリカに抗議している。

第5章 テロリストにどう向き合うか

「悪魔化」の時代

宗派の違う人の虐殺、火あぶり、性奴隷、子供の兵士による処刑などの所業をもって、ISについてはいままで見たことのない怪物が出現したような喧伝《けんでん》が行われています。しかし、私が過去、国連平和維持活動（PKO）で関わったシエラレオネの内戦、そして50万の一般市民を虐殺した反政府ゲリラの蛮行は、ISに勝るとも劣らないものでした。

ISとの違いは、それを手軽に録画し、即座に世界に発信できるか否か。それだけです。メディアの発達は、同時に「悪魔化」の技術の発達でもあります。

「悪魔化」は、人間が政治的な生き物である限り、仕方ないのかもしれません。極端な保守の勢力が中国や北朝鮮を擬人化してそうするように。そして、いわゆるリベラル勢力が、安倍首相をそうするように。

しかし、悪魔化するテロリストも所詮は人間です。そして、どんなに理解不能な気色の悪い「大義」をまとっていても、所詮はその政治運動の維持にお金が必要なインサージェントです。彼らの生存に必要な、民衆の人心掌握や恐怖政治に欠かせないのはお金であり、経済が彼らの支配の存続を決めるのです。

ちょうどオバマ政権が誕生し、そして日本では民主党政権になった2009年頃、私は、アメリカとNATOのアフガニスタンからの撤退を見越して、タリバンと接触し、政治的和解の道を探ろうとしました。具体的には、タリバンを裏で支えているパキスタンの「政府のなかの政府」と呼ばれている陸海空三軍諜報機関（ISI）や、その頃すでにタリバンとの接点を持っていたスンニ派総本山のサウジアラビアの王族、タリバンとは〝宗派上の敵〟ですが反米という観点で微妙な関係のイラン、そして「撤退」後の戦略を模索していたアフガニスタンのNATO軍の首脳部とブリュッセルの本部、新政権発足の準備で混乱していたホワイトハウスの大統領行政府（エグゼクティブ・オフィス）に実際に出かけ、ロビー活動を始めたのです。

特に、当時のパキスタンの三軍諜報機関の長官はスジャ・パシャという陸軍中将で、私とはシエラレオネでの国連平和維持活動（PKO）での「戦友」でした。そして、当時ブリュッセルにあったNATO本部の軍事部門の最高責任者は、カール・アイケンベリー米陸軍中将で、2003年当時のアフガニスタンで、彼が総指揮をとっていた占領政策のなかで重要な地位を占めていた「軍閥の武装解除（後の章で詳述）」の責任者だった私とは、これも「戦友」の仲だったのです。

そして、その過程で一緒に苦労したアフガン側のカウンターパートで元アフガン暫定政府情報大臣モハメッド・スタナックザイは、後にタリバンとの和解のために設立されたアフガン政府平和委員会の副長官になります。

こういった敵・味方の関係者を、「日本の立ち位置」を生かして横につなげ、それぞれがそれぞれの組織を離れて意見交換できるよう東京での「密室会議」に呼んだりしました。タリバンをどう「まともな敵」にするかの試行錯誤です。

とにかくタリバン側は、アメリカとNATO軍の駐留を絶対に許しません。しかし、アメリカ・NATOのアフガニスタン駐留は、単にアフガニスタンのためだけではありません。特にパキスタンとの国境付近はグローバルテロリズムの震源地ですから、全面撤退というわけにはいかず、主力戦力は撤退させて後はアフガン国軍に任せるにしても、それを訓練指導するためのアドバイザー部隊や、後にアルカイダのオサマ・ビンラディン殺害に成功する特殊部隊の駐留、そして無人爆撃機を維持する基地が必要です。こうした〝段階的〟な撤退を、どうタリバン側に納得させるか。

そもそも、アメリカ・NATOが軍事的な勝利を諦め、戦争はもう〝疲れて〟維持できないから政治的和解を模索しているのに、特殊部隊や無人爆撃機を用いて戦争を継続していることには大きな矛盾があります。和解には、一度〝停戦〟することが必要なのです。

でも、それがアメリカ・NATOにはできない。なぜか？

それはアメリカ大統領には、戦争の〝成果〟が必要だからです。それも、軍事的な勝利がなく、前任者も、そしてオバマ自身も、任期中に終結できないとわかっている戦争の成果です。アメリカ国民は、厭戦感の反面、弱虫な大統領を支持しないのです。だから地上に大勢の歩兵を展開するリスクをとることなく、戦時国際法・国際人道法違反の誹《そし》りを受けながらも、敵のリーダーだけを狙って上空からミサイルを落とすことでしか、厭戦感が蔓延する有権者に戦争の成果を示せません。

戦争をやめるための交渉をしなければならないのに、戦争を継続しなければならない。これは「民主主義」がグローバルテロリズムと戦う最大のジレンマであり、この状態での和解はそもそも無理難題というのは、現場のアメリカ・NATO軍首脳の本音なのです。

今年2016年5月27日、オバマ大統領は、アメリカの大統領としては初めて、広島を訪問しました。到着したその夜、安倍首相と一緒に並んで記者会見をしました。その時に質問を許されたのは、日米一人ずつの記者。日本側はNHKの女性記者だったでしょうか。米側の記者も女性で、なんと質問は、ちょうどその5日前、アメリカの無人爆撃機がパキスタン領内でタリバンの新しいリーダーであるマンスール師を殺害したことに向けられたのです。「あなたが終わらせることができなかったこの戦争を、こういう形で次の大統領に引き継ぐのか?」という厳しい口調でした。オバマ大統領の顔色が変わりました。

和解・停戦のチャンスがあるとしたら、次の大統領になって経済政策などで米国民の支持率が最高潮の時しかありません。ドローンを含めたすべての攻撃を停止し、和解のテーブルにタリバンを迎えられるチャンスが来るのを、我々は祈るしかないのです。

テロリストを巡る人権の二重基準

「悪魔化」にまつわるもう一つ厄介な問題があります。それはテロリストたちが持っている「価値観」です。

タリバンは、イスラムのシャリーア法の厳格な解釈によって、特に女性の人権を損なうような「価値観」を持っている印象があります。事実、タリバン政権下では、男性の顎髭《あごひげ》もそうですが、体を頭から踵まで覆うブルカの着用を女性に強制したり、女児の通学を禁止したり、それに従わない学校を襲撃したりすることが、西側メディアによって盛んに報道され、タリバンは「悪魔化」されました。いまのISと全く同じです。確かに、公開処刑などは、犯罪防止のための見せしめという理由があるにしても、我々には非人道的な行いと映ってしまいます。

実は、石油金満王国のサウジアラビアも同じような状況なのです。常に人権団体からの厳しい目が向けられているのですが、ご存知の通り、王室は親米であるがゆえにその誹りを免れているのです。人権には、こういう「二重基準」がつきものなのです。

本来は絶対にあってはなりませんが、しかし、恣意的に人権に二重基準をつくることが「平和」のために必要になる時があるのです。こういう場面を、私は何回も武装解除で経験しています。

ここでは、武装解除される連中が戦時中に行った戦争犯罪をどうするかという問題がいつもついて回ります。武装解除ができるのは、いわゆる「停戦」状態にある時です。つまり、それはまだ戦争での決着を諦めてはいないけど、疲れてきたのでちょっと銃を下ろして将来を考えてもいいかな、というようなまだ非常に微妙な状況です。ここで武装解除を説得することによって停戦を恒久的なものにする。そして、それが逆戻りしないようにする。これが武装解除の目的です。

戦争犯罪は、人権が侵害される最大の罪です。これを罰さなければ、私たちは人権という概念を維持できません。でも、ここで、「それはそうと、あんたらがやったあのヒト殺しね」などと話題にしたら、「武装解除したら罪が裁かれるかも」と相手は思うわけで、銃を下ろすわけがありません。

シエラレオネでは、戦争犯罪を裁かないという条件で、反政府ゲリラを説得し、その面々に社会復帰のための一時金や職業訓練の機会を与えました。つまり、戦争犯罪者を許すだけでなく、恩恵まで与えたのです。

アフガニスタンでは、軍閥たちに、武装解除と引き換えに部下たちへの社会復帰の恩恵だけでなく、新しい政府のなかで「政治家」としてのポストを与え、彼らはいまでも君臨しています。9・11後に始まったアルカイダとタリバンを標的にするテロとの戦いにおいて、アメリカ側について戦ったこれらの軍閥は、いわば恩人だからです。

しかし実はこの軍閥たち、タリバンやアルカイダよりも、罪もない一般市民を殺しているのです。そもそも、それを遡る冷戦期のソ連のアフガン侵攻時、アメリカの支援を受けた彼らは、ソ連に勝った後、仲間割れして覇権争いになりました。国は荒れに荒れ、一般民衆が殺され、その世直し運動として貧農層から発生したのが「イスラム版ロビン・フッド」のタリバンだったのです。

その軍閥たちが犯した最大の人権侵害に対して「人権思考の停止」を維持する。そのことによって、グローバルテロリズムとの戦いにおいて味方につけておくしかない軍閥で構成されるアフガン政権が成り立っているのです。

こういう時に、和平工作に奔走する現場の私たちを、欧米の人権メディア、人権団体、そして同胞であるはずの国連の人権理事会は、「不処罰の文化」を蔓延させる張本人として糾弾するのです。

でも、いまこの瞬間に起きている戦闘をやめさせる方法が他にあるのか？　言い訳をさせてもらうと、私たちは人権の大切さと重みをわかっているからこそ、それを停止する時を厳選し、「例外」として、すべてを厳粛に実行する――これを肝に銘じているのです。

「いけないものはいけないのだ」という意見は、もちろんあるべきです。でも、それを杓子定規に推し進めると、その純粋さは、逆に政治利用されることになります。9・11後、ブッシュ政権が、アフガニスタン、イラクへの軍事侵攻の口実に、「人権侵害に苦しむ女性の解放」を謳《うた》ったように。

「節度ある人権思考の停止」。グローバルテロリズムに直面するにあたって、我々はもはや、これを「例外」とするのではなく、「常備」する習慣を持つべきではないかと思います。信念としてのまっすぐな人権思考を押し通すには、地球はもう狭すぎる。このように考えないと、もうやってゆけない時が来ているのではないでしょうか。

「タリバンは兄弟、ISは外道」

結局、タリバンとの価値観での〝和解〟があるとしたら、「公開処刑はいいけど、女の子は学校に行かせてね」みたいなものになるのでしょうか。こういうことを、「平和」のために想定しなければならないのです。

この「タリバンとの政治的和解」のための極秘会議では、無人爆撃機での攻撃を止められないけれど、我々が和解に〝真剣〟なことをタリバン側に示すには、国連安保理の「制裁リスト」を緩めるしかない、との結論に至りました。国連安保理には、制裁委員会があり、9・11後のアルカイダ、タリバンの幹部を〝おたずねもの〟にしたのです。つまり、タリバンに和解のテーブルについてもらうために、制裁リストから厳選して数名を象徴的に外すということです。

本当に、苦肉の策です。通常、こういう措置は、敵とテーブルの席について、〝イヤイヤ出す〟交渉のカードとして、とっておくものなのです。それを、テーブルにつく前から、カードを切るしかない。その後、アフガニスタン大統領のカルザイ氏とパキスタン大統領のザルダリ氏は、この措置を協議し、安保理に動議します。そして、2010年、安保理の制裁委員会は、タリバン幹部5名をリストから外す決定をします。

現在、私は、「カシミール」に関わっています。イスラム教徒がマジョリティを占めるこの地は、インドとパキスタンという核保有国同士の戦場であり続けてきました。イスラム教国パキスタンと、現在、ヒンドゥー至上主義が政権を握るインドとの争いは、まさに宗教戦争の体《てい》を示しています。通常戦力で圧倒的に勝るインドが、過去の印パ戦争（1947年、1965年、1971年）では優勢で、このカシミールのほとんどを軍事占領しています。つまり、ヒンドゥー政権がイスラム住民を圧政下に置いている状態です。

しかし、カシミールの人たちは、歴史的に、イスラムというより「カシミール人」という属性を重視してきました。同じ「カシミール人」として、その土地ではマイノリティのヒンドゥー教徒とも、そして仏教徒とも、分け隔てなく共存し、それをカシミールの誇り、伝統としてきたのです。

ところが、インドとパキスタンの歴史は、マハトマ・ガンディーたちの「一つのインド」として英国から独立するという夢も虚しく、ヒンドゥー教徒とイスラム教徒の「分離独立」で幕を開けます。長い歴史のなかで混住が進んでいたのに、これを機に大移動が起こり、双方が先祖代々住んできた土地を捨てることになりました。やがて双方の憎悪は頂点に達し、お互いを殺し合う大虐殺に発展しました。両国の独立は、戦争とともに始まり、いまに至るのです。

印パ戦争の結果、インド陸軍の約半数がここカシミールに駐留し（その数50万人！　その他、警察部隊を合わせると計75万人。地上で最も軍事化した場所です）、イスラム教徒住民をパキスタンの手先と見なして弾圧してきました。当然、住民はそれに抵抗し、インサージェント化する。インド当局はそれをテロリストと見なし、圧倒的な軍事力で押さえ込む。

パキスタンはパキスタンで、こういうインサージェントを水面下で資金援助し、彼らをパキスタン領内に呼び込み訓練して送り返すということを、国力と通常戦力で圧倒的に勝るインドに対抗するための戦術としてきました。

その戦術に長けたパキスタンを、冷戦時ソ連がアフガニスタンに侵攻した時、アフガンの軍閥たち（ソ連にとってはインサージェント）の支援に利用したのがアメリカです。グローバルテロリズムとの戦いの歴史は、ここまで辿れるのです。

このインドが支配するカシミールの州都スリナガルに、一人の老人がいます。その名をサイード・ギラニ。彼は、インド当局への抵抗運動で歴史的に名を馳せた様々なインサージェント組織（カシミールの完全独立を標榜するものから、パキスタンへの併合、インド軍・治安当局に抵抗しながらもインドの一部としてより大きな自治権獲得を標榜するものまで多々あり）をまとめるAll Parties Hurriyat Conference（「すべての当事者の自由会議」）の最大の実力者で、彼の人生は「抵抗」の連続でした。インド本土の一般大衆は、彼をパキスタンとつながった「テロリスト」と見なしています。

彼は、インド治安当局によって幽閉の身ですが、私とは交友があります。非常に厳格なイスラム原理主義者ですが、彼はかつて私にこういいました。

「女性の教育機会を奪うことなんて、コーランのどこにも書いていない。すべて平等なのだ」。私たちが信奉する人権思想的に何の問題もありません。でも、彼は続けます。「ただし、絶対に〝共学〟はダメだ」と。

その彼が「アフガニスタンのタリバンは、アメリカをやっつけたイスラムの誇りであり兄弟である。しかし、パキスタンのタリバン、そしてＩＳは外道である」というのです。

これまで扱ってきたのはアフガニスタンのタリバンですが、タリバンを構成するパシュトゥンという部族は、国境をまたいでパキスタンにも広く存在しています。タリバン運動はアフガニスタンでの「世直し運動」でしたが、9・11後、逃げ込んだパキスタンにおいて独自の成長を遂げます。現在ではISとの共闘を宣言しています。ノーベル平和賞を受賞したマララ・ユスフザイさん（彼女もパシュトゥン部族のパキスタン人）を撃ったのは、この連中です。

私たちの「自由」の価値観は、ギラニさんのような存在と考え方を排除するのでしょうか。

現在、カシミールにもISが侵入し、若者層の支持が拡大しています。彼らは生まれた時からインド治安当局の監視と圧政下にいるのです。ギラニさんたちの指導の下、抵抗運動に身を投じている父親たちや長兄の生き方をずっと見てきた。でも、圧政は変わらない……。こういう状況に、ISがより暴力的でセクシーなスタイルで、「いままでのやり方じゃダメだ」と侵入してくるわけです。

軍事的に勝利できないとわかったグローバルテロリズムの時代を生きぬくには、「あちら側」のなかに「まともな敵」を見出して味方にしてゆくしか道がないのです。このなかで、私たちの「自由」の価値観をどうするのか？　この問題から我々はもう逃げられないのです。

敵に塩を送らないアメリカ

ただひたすら憎悪と復讐の感情にかられてテロリズムに対処すると、それを徹底して排除する方向に向かいます。しかし、そのテロの主謀が、ある宗教や宗派や民族などの属性で括られると、私たちは往々にして、その属性全体を憎悪する傾向があります。ここが問題なのです。なぜなら、インサージェンシーであるテロリズムは、その属性を持つ民衆のなかに巣くうからです。我々の攻撃には、こういう民衆を傷つけるリスクが、いつも付きまとう。だから、攻撃すればするほど、敵が増えてゆくという悪循環が止まらないのです。

2003年にアメリカが侵攻したイラクでは、マイノリティのスンニ派だったフセイン大統領率いるバース党政権が崩壊しました。アメリカ軍によってバース党は解党され、大半の党幹部はシリアに逃亡したり、党員たちは徹底的に公職から追放されたりしました。これは、事実上、スンニ派の排除ということになりました。

アメリカの支援で誕生した新しい傀儡《かいらい》政権は、シーア派です。ここから、スンニ派への迫害が始まりました。スンニ派も黙っていませんから、イラク国内は、シーア派対スンニ派の内戦へ突入したのです。

ＩＳの母体は、この混乱時に結成されたアルカイダ系の組織です。反欧米のジハードを掲げ、２０１１年に隣のシリアで反アサド政権の内戦が拡大すると、これに介入。イラクなど周辺国からのスンニ派の武装グループを吸収し、急速に勢力を拡大しました。

そして、イラク、シリアはもとより中東全域、コーカサス、中央アジア、そしてアフリカの北半分にまたがる「イスラム国（ＩＳ）」の樹立を大義名分にし、後に、アルカイダとも袂を分かちいまに至っています。

もし、あの時バース党を解体し党員たちを徹底的に排除することをしなければ、そして最低限の政治的な居場所を与えていれば、グローバルテロリズムは、避けられないにしても、違ったシナリオになったはずです。実は、イラクの前にも、アメリカを中心とする我々は、いまとなっては後悔にかられる間違いを犯しています。

それは２００1年の9・11後、タリバン政権への報復攻撃で、同政権を倒した時です。ここで、アメリカは軍関係者も「勝利した」と錯覚しました。私は現場にいましたから、これは確かです。タリバンの脅威は完全に去り、新しい国づくりに専念できると皆が錯覚したのです。

アメリカの空爆に支えられながら、タリバンと地上戦を戦い、首都カブールを奪還したのが「軍閥」たちです。アメリカは、タリバン政権崩壊後の暫定政府をつくるにあたって、この軍閥たちに褒美を与えました。この軍閥には暫定政府の国防省を、あの軍閥には内務省を、みたいな感じです。勝者によるパワーシェアリングであり、こうしてアフガン復興は始まったのです。

しかし前述のように、この軍閥たちは、実はタリバンよりもずっと深刻な人権侵害を行い、ソ連侵攻の時も彼らは〝共通の敵〟には一致団結するも、それに勝利した途端、覇権争いを始め、国を荒廃させた連中なのです。先述したようにこれを、どうにかしようと出現した「世直し運動」がタリバンだったのです。

ですからタリバンを倒した後も、この繰り返しです。暫定政府の集合写真に収まっているけれど、地元に帰れば、隣接する軍閥同士の戦車や大砲を使っての内戦が始まっていたのです。この時に、「軍閥たちの武装解除」の責任を負った日本の政府代表として送られたのが私です。

このアフガン暫定政府の組閣にあたっては、敗者であるタリバンを徹底的に排除しました。なぜなら、アメリカ本土を攻撃したアルカイダの一味と思われていた時でしたから、アメリカが許さなかったのです。

この時に、国連の特使として、アメリカ政府と一緒に、この組閣に関わったラフダール・ブラヒミは、その後、アフガニスタンで一緒に仕事をするようになった私に、よくこう漏らしました。「いま考えると後の祭りだが、ボン会議（組閣の交渉が行われたのがドイツのボン）の時にタリバンを招いていれば、歴史は変わっていただろう」と。

タリバンが、アフガン最大民族のパシュトゥンから生まれ、民衆の支持を得て政権を樹立した世直し運動であった歴史にアメリカは目をつむってしまったのです。

敵に塩を送る。将来、こんな局面が再び訪れることがあったら、その時こそ、日本の武士道の精神が大切になるのかもしれません。

テロリストに人権はあるのか？

テロリストに人権というものはあるのでしょうか？　たとえば、日本では死刑判決を受ける重犯罪者であっても、法の下では平等で、その人権は保障されています。むしろ犯罪被害者の人権がきちんと扱われていないことが問題にされるほどです。

それでは、テロ事件の被害にあった先進国が、その報復措置としてシリアなどのテロリストの本拠を攻撃する際、法の下の平等を考える余裕があるか？　奴らが先に非道なことをやったんだからこっちも……という心理が働いているのではないでしょうか。

２０００年、国連の任命で東ティモールに行政官として派遣された私に、こんなことが起こりました。

インドネシアが、やっと東ティモールを手放すことになり、国連が一時的にその主権を預かることになるのですが、まだインドネシアとの併合を諦めきれない民兵たちが暴れて混乱に陥っていた時期でした。この「併合派民兵」は、ふつうの東ティモール人です。インドネシア占領時代に、独立派を弾圧するためにインドネシア治安当局に操られて、手下となっていた広域暴力団みたいな連中です。

彼らが武装して暴れたため、治安回復のため国連安全保障理事会は20か国以上からなる国連平和維持軍を投入します。私は、13ある県の一つ、コバリマという県の知事に任命されました。コバリマはインドネシア側の西ティモールとの国境地域で、インドネシア軍に支援された併合派民兵が国境越しに攻撃をしかけてくる地域でした。そのため、ニュージーランドの一個大隊６００名と、パキスタンの工兵一個大隊６００名からなる多国籍軍が常駐し、知事である私がそれを統括していたのです。

ところがある日、ニュージーランド軍の小隊が国境付近をパトロール中、併合派民兵のグループによる待ち伏せ攻撃を受けて銃撃戦になり、若い歩兵が一人行方不明になりました。数日後、ジャングルのなかで喉がかき切られ耳のない遺体となって発見されます。銃弾を受けて絶命した後に死体が傷つけられたことが司法解剖でわかり、ニュージーランド軍は熱《いき》り立ちました。私自身もです。そして彼らを「テロリスト」と呼ぶようになりました。

そして復讐戦が始まったのです。国連平和維持軍は国家の復興を側面支援するために投入されていますから、武器の使用基準が厳しく定められています。正当防衛以外では発砲できないことになっている。それを、敵を目視したら警告もなしに発砲できるというふうに使用基準を緩めた。国連平和維持軍は、この時点から、併合派民兵を「犯罪者」として捕まえ法の裁きを受けさせるのではなく、「敵」として殲滅することになるのです。

これは、「戦争」です。そして、補給路を断たれ、よれよれになって敗走している10名ほどの敵を、武装ヘリも動員して追い詰め、全員蜂の巣にしたのです。

国連と国際社会は、この掃討作戦の正当性を問うことを、いまもしていません。なぜなら、相手は「交戦主体」、つまり「戦争」の敵だから[*7]です。つまり、「犯罪者」でも、テロリストとして「戦争」の対象にしてしまえば、どんな重犯罪者にも考慮されるべき人権は、一切考慮しなくて済むということです。

当時を思い出すたびに、私は後悔ともつかぬ奇妙な後ろめたさに襲われます。射殺後の死体検分に立ち会ったからです。民兵は一般市民と区別がつきません。多少の戦闘訓練を受けただけのチンピラです。「併合」か「独立」かという個人の思想が違うだけです。私にとって一生背負い続ける十字架です。

ISによるパリのテロ事件の直後、フランスは即座にISの拠点であるシリアのアッカを空爆しました。しかし、アッカに暮らしているのはISのメンバーだけではありません。多くの住民のなかに紛れ込んでいるISのメンバーだけをピンポイントで攻撃するなどというのは不可能です。たくさんの住民が巻き添えになるのは当然です。

でも、テロリストが使ったものよりも格段に強大な攻撃力を用い、テロ事件よりも格段に多くの民衆の犠牲者を生む報復的空爆、我々の目を背けさせるものは、一体何なのでしょうか。フランス国内で起こるのは「犯罪事件」で、空爆先で起こっているのは「戦争」だから、なのでしょうか。でも、その「戦争」は、「犯罪事件」に対する報復なのです。

先に「人権の二重基準」もしくは「人権思考の停止」について扱いましたが、それは、

「平和」のための便宜です。

人権についてはかまびすしい欧米のメディアは、このようなテロリストへの報復措置に対して声を上げることは、ほぼありません。人権団体やNGOも、その犠牲の大きさに見合う取り上げ方をしていません。

それがはっきり表れたのがビンラディン殺害の時でした。これは、犯罪者としてその捕獲を目的にしたものではなく、そして暗殺でもなく、アメリカの正式な軍事作戦として「殺害」を目的に実行されたものです。それも国際法上、交戦主体であるアメリカの「戦場」とは考えられないパキスタンで実行されたものですから、ビンラディンにとっての明らかな人権侵害だけでなく、戦時国際法・国際人道法にも抵触する行為です。しかし、その違法性を厳しく糾弾する人権団体を、私は目にしたことがありません。

所詮、人権団体も支援者の「募金」で成り立つ組織。支援者がいなければ、食えません。ビンラディンというアメリカの敵、いや、世界の敵を仕留めたという熱狂。2011年5月2日のオバマ大統領の「正義が遂行された」というあの演説の後の熱狂に、水を差すことをためらったのでしょうか。

つまり、人権とは普遍的な価値ではなく、時と場合によって都合よく使われるものだということです。これが思想としての、人権の限界なのかもしれません。

私たちは人権というと、人間が生まれながらにして持っているものという感覚がありますが、それは違います。

そもそも人権という概念は、近代以降西欧社会において、それまでの封建的絶対主義体制の暴力的な権力から、市民の権利や自由を守るために生まれたものです。清教徒革命やフランス革命は、民衆が人権を獲得するための闘いでした。

イスラム法には、欧米流の人権の考え方がありません。ですから欧米の人権団体は、世俗主義をとらないイスラムの世界では、人権が侵害・抑圧されているというステレオタイプの批判をします。そういうのを見るにつけ、人権思想もまた一つの「宗教」なのだと思います。私も、その熱心な信者の一人ですが。

イスラム系の国々では、実際に人間が粗末に扱われているのかといえば、決してそうではないと思います。西欧流のものではなくても、人間を大事にする独自の価値観があるはずだからです。いかなる文化・宗教においても、「人間は大事でない」という価値観はないはずです。ただ「人間は大事」という考えのなかに、「子供はこうあるべきだ」「女性はこうすべきだ」「こんなことをすれば倫理に悖《もと》る」といった各論が微妙に違うだけです。

繰り返しますが、〝まっすぐな〟人権思想を押し通すには、地球はもう狭すぎます。無理をすれば（もうしていますが）、それは、もう壊滅的な「文明の衝突」しかありません。そして、まっすぐな人権は、逆に、その壊滅的な衝突を仕組む勢力に政治利用されてしまいます。９・11後のブッシュ政権が、アフガニスタン、イラクの軍事侵攻の口実にそれを使ったように。

狭い地球の上で私たちが生き延びていくには、たとえ軸になる価値観を共有できない人間が隣にいても、それを認める必要があります。そのことを学習すべき時期に来ている気がします。

テロリストの側は、彼らがテロで殺す私たちの人権など、つゆほども考えないでしょうが。

「平和」と「戦争」は同義語？

戦争には、悪を懲らしめるための正義の戦いもある。だから戦争を否定することはできないという人は少なからずいます。片や、どんな戦争であれ、基本的に「戦争＝悪」であり、あってはならないものという考え方をしている人もたくさんいます。

後者のように「戦争＝悪」という観点から、紛争やテロの原因、それが起こりうる歴史的、経済的、地政学的な背景などを探って、新たな紛争やテロを回避する方法を研究する平和学という学問があります。死者総数5500万人という途方もない犠牲を出した第二次世界大戦後、このような惨禍は二度と繰り返してはならないという反省のなかから生まれた新しい学問領域です。

平和学には「積極的平和」と「消極的平和」という考え方があります。

消極的平和とは、紛争の要因になりうる貧困や差別などの構造的暴力はあるけれど、紛争や武力衝突のない状態。それに対して積極的平和は、紛争や武力衝突がないのに加え、それを引き起こす要因もない状態のことを指します。日本は地球のどこかで絶えず戦争をしているアメリカ軍を駐留させていますが、とりあえず消極的平和の状態にあるといえます。

ただ平和学は、「戦争＝悪」とはっきり断定し、戦争を否定するので、学問の公平・客観性に欠けるという批判もあります。それは一つの政治的態度であって、学問とは呼べないというわけです。

この平和学と似たものに、「平和と紛争学」があります。私の大学での専門です。こちらは、平和学と一線を画しているようです。もう少し善悪を超えて戦争をとらえ、争いを生む国家間、民族間の対立とその因果関係を淡々と冷静に読み解く。そして、条件Aと条件Bがそろった時、Xの一押しがあると、人はためらいなく殺し合う……みたいな理論を見つけ出して興に入る。こんな感じでしょうか。

私は実務家として紛争がもたらす悲劇を嫌というほど見てきましたから、心情的には平和学の立場をとりたいと思います。その一方で、戦争を悪として糾弾し、真正面から対抗することが、本当に戦争の予防につながるのか。もしかしたら、そうすることが、戦争につきものの「武勇」を刺激し、逆に戦争を煽っていることだってあるかもしれません。これが本当に戦争の予防につながるのか……。こんな自分のなかでの葛藤が、私にとっての平和と紛争学なのです。

侵略的な性質を帯びた「武力の行使」に対して義憤を感じ、その反動で戦争を起こすことだってありうるでしょう。一方で、紛争を起こしている国家や民族を単に悪として断罪してしまっては、紛争が起こった本質的な原因の追究や背景への理解が及ばず、紛争を起こす土壌は温存され続けてしまう危険があります。

実はたいていの戦争は好んで始められたわけでなく、自国や民族の平和を守るために、少なくとも、それを口実に始められることのほうが圧倒的に多いのです。すなわち、戦争をする多くの動機は「平和」なのです。

あまりに平和、平和と騒いでいると、いつの間にか、その熱狂が、戦争を起こしてしまうのかもしれません。おそらく「平和」という言葉を、「戦争」の対義語ではなく「同義語」としてとらえ、いっそ死語にして、別の言葉で置き換えたほうがいい気もしています。

テロリズムや戦争に対する「抗体」をいかにつくるか

平和学でよくある議論として、「戦争」と「平和」という概念を、人間の体の病気と健康にたとえるものがあります。すなわち、戦争は病気で、平和は健康な状態というわけです。

ここで大事なのは、健康とは決して病気の不在ではないことです。病気でなくても体には絶えず何らかの病原菌やウイルスが存在しています。それでも病気にならないのは、体に免疫力や抗体が備わっているからです。しかし、免疫力が低下し、抗体がなくなったら、病気になってしまいます。

テロリズムや戦争も同じです。それを引き起こす構造的暴力や排他思想といったものは、人間の社会から完全になくなることはありません。ただ、貧困問題に対するセーフティーネットを工夫したり、社会的不公正やマイノリティの問題に常に人々の眼が注がれるようにメディアの自由を確保したり、不可抗力の武力衝突が起きてそれぞれの国で極端な排他思想が蔓延しそうな時に、この状況は俯瞰するとちょっと滑稽……みたいに客観視できる「胆力」を社会が持てるようにすることは可能です。それがテロリズムや戦争に対する「抗体」です。

なぜ人間は戦争をするのか。

人間とは本能的にそういうものなのだという人もいます。単に女に格好いいところを見せたいというような男の欲望が、戦場で実際に戦う兵士をはじめ、口ばかりの政治家までを支配していると。

一方、心理学には、戦争への衝動は、人間本来の性質ではなく、たまたま戦って勝ってしまったら気持ちがよかった、欲しいものを手に入れられたという「学習」と「経験」がそうさせ、戦うことで得られる一体感への衝動が、個々の人間やグループ、同盟を支配するという考え方もあります。

私たち個人のレベルで、戦争やテロへの抗体をつける工夫はあるのでしょうか。個人の不安が他のそれと共鳴し、増幅すると政治力になる。これが民主主義です。平和学の世界では「教育」を重視してきました。学習によって戦争が起きるのであれば、学習によって戦争をなくすこともできるはずだという願いから、平和教育という発想が生まれてくる。教育で平和が達成できるかもしれないと、教育者は考えるわけです。

一方で、戦争は国家として、社会として、人間が下す一つの政治決定ですから、それを仕掛ける人々が必ずいるはずです。1928年にイギリスで刊行された『戦時の嘘』という本があります。国会議員のアーサー・ポンソンビーという人が書いたのですが、彼は第一次世界大戦時にイギリス政府が行ったプロパガンダを分析しました。

戦争が起きる時、戦争をやりたいと考える政府は、自国民に向けて〝事実〟を伝えるのですが、そういうメッセージには次のように歴史的なパターンがあると、まとめられています。

（1）私たちは戦争をしたくはない
（2）しかし、敵側が一方的に戦争を望んだ
（3）敵の指導者は悪魔のような人間だ

（4）私たちは領土や覇権のためではなく、偉大な使命のために戦う
（5）私たちも誤って犠牲を出すことがある。だが、敵はそれを目的に残虐行為におよんでいる
（6）敵は卑劣な兵器や戦略を用いている
（7）私たちの受けた被害は小さく、敵に与えた被害は甚大
（8）芸術家や知識人も正義の戦いを支持している
（9）私たちの大義は神聖なものである
（10）この正義に疑問を投げかける者は裏切り者である

（アンヌ・モレリ著『戦争プロパガンダ10の法則』草思社、２００２年）

現代の我々が日常的に目にするメディアや政治家の言葉に、どんぴしゃりと当てはまるものがあるはずです。

ところが、「平和」のための運動も、これと類似した手法を使いがちなのです。たとえば戦争支持者と思える相手を「悪魔化」したり、作家や音楽家、俳優など著名人を使ったり、「ちょっとやりすぎじゃない」というような身内に客観性や冷静さの必要をいい出す

声が出ると、「運動を分断する」とか「敵を利する」、ひいては「敵の回し者」みたいに裏切り者扱いするのです。

たぶん、誰でも陥る人間のこういう性を戒めろといわないほうがいいのでしょう。それが「戒めろ運動」になり、それに従わない者を排除するというふうになるに決まっているからです。ただ頭の隅に置いておくだけでいいのです。それがどこかで「抗体」になるかもしれません。

抗体を身につける究極の方策なんてありません。でも、その抗体の「低下」をあらかじめ感知することは、ある程度、できると思います。

それは、障害者やＬＧＢＴ（性的少数派）、そして特定の宗教宗派など、いわゆるマイノリティへの攻撃、そして「ふつう」であることへの過剰な意識の高まりなどに注意することです。

マイノリティに対する理解や寛容さといったものは、突発的な事件によって、あっという間に豹変します。移民社会ゆえにマイノリティへの対応に関しては先進国といえるアメリカですら、９・11をきっかけに、そうなったのですから。

難民の巧みな受け入れがテロを排除する

グローバルテロリズムとの戦いにつきものの「難民」というマイノリティ問題。現在、シリア難民が世界的な課題になっています。難民や移民を、雇用の安定に加え、国防上の脅威としてとらえる傾向が強くなっています。日本は、まだ欧米のように彼らを受け入れていませんが、昨今の「ヘイト」を見る限り、排他の傾向は、欧米のそれに勝るとも劣らないのではないでしょうか。

だから日本でも難民や移民を警戒、排除せよという世論が強くなってゆくと思います。しかし、私は、逆であると思います。ここまで地球全体を網羅した自由経済、そして資源を巡る投資と情報のグローバル化の下では、「安全」のために「自由」を完全に犠牲にすることはありえないのです。どんなにヘイトをやっても鎖国は無理です。要は、テロリズムの分子を体内に取り込んでしまっても、それをどう最小限にとどめるかが重要です。テロリズムの解決は、日本国内でできる移民たちマイノリティの帰属社会と、日本社会のコミュニケーションにかかっていると思うのです。

そうすることによって、日本社会には、日本人が不案内なシリアをはじめ、中東や中央アジアの情報も入ってくるでしょう。そのために、移民を含め難民を積極的に受け入れる。

そして、彼らによる親日派のコミュニティを国内に多くつくる。そして、彼らが自らの意思で、テロリズム分子を緩やかに排除する。

難民を受け入れてもテロ事件が起こる欧米はどうなんだ？　といわれそうですが、そこに欧米の轍《てつ》を踏まない「日本流」（第7章で具体策を論じます）を探すしかないと私は思います。

繰り返しますが、「排除」は敵を利することにしかならないのです。

＊7―1999年8月12日付　国連事務総長発国連官報「国連主導多国籍軍における国際人道法の遵守」により国連平和維持軍（ＰＫＯ部隊）の性格は激変した。これは「国連ＰＫＯ要員は戦時国際法を遵守せよ」という国連トップからの指令書。それまではＰＫＯの主要任務は「停戦監視」。中立的な観点から国連は「交戦」せず、停戦が破られると退避するケースが多かった。1994年のルワンダで100万人の住民を見殺しにしたのもそのケース。この反省から「保護する責任」という概念が生まれ、その後のＰＫＯの主要任務は「住民の保護」が主流となる。この指令書は、その任務の達成のために同法の「交戦規定」を遵守せよ、つまり敵と同じ「紛争の当事者」となって「交戦」せよということを示す。自衛隊が送られている南スーダンＰＫＯもそうであり、停戦が破られてもＰＫＯは撤退しない（事実、2014年8月の時点で、対立する大統領派と副大統領派の停戦合意は破られ内戦状態であるがＰＫＯ

は撤退していない)。停戦状態がなくなったら撤退できるとする我が国の「PKO参加5原則」は、1999年の時点で意味を失っている。これを認めない日本政府は、現在の南スーダンの状況を「安定している」という他なく、自衛隊は同5原則の「虚構」を守るために駐留を続けているといっても過言ではない。

第6章　グローバルテロリズムの震源地

ビンラディンが日本で殺害されたら?

東日本大震災があった翌年、私は福島の高校生たちと「日本人の生活に根本的な脅威を与えうるもの」について話し合いをしました。戦争や平和などをキーワードにしながら進めたその討論は、『本当の戦争の話をしよう』(朝日出版社)にまとめています。

話題は多岐にわたりましたが、そのなかには「もしビンラディンが歌舞伎町で殺されていたならば」という架空の想定をした議論がありました。

想定の内容はこうです。

・新宿の歌舞伎町にオサマ・ビンラディンが潜伏していた。

・アメリカのCIAがそれを探知し、突然アメリカの特殊部隊のヘリコプターが現われビンラディンを狙撃、遺体を回収し、帰って行った。この奇襲作戦についてアメリカ軍は日本政府に事前に何の通知も行っていなかった。

パキスタンに潜伏していたビンラディンがアメリカ軍の奇襲攻撃で殺害された時、パキスタン政府は著しい主権侵害行為だと激しい抗議を行いました。怒り心頭なのは民衆です。反米感情は、ナショナリズム、そしてイスラム原理主義と共鳴し、パキスタン・タリバンを利し、いまに至ります。

しかし、日本の領土内で同じことが起こったら、おそらくアメリカの違法性は厳しく追及されないでしょう。せいぜい野党が国会で政府の危機管理体制を糾弾するくらいで、マスコミも非難ごうごうという感じで盛り上がりはするが、すぐ忘れ去られるはずです。驚くなかれ、これが福島の高校生の答えだったのです。私も、同意見です。

参考となる例があります。2004年、沖縄で普天間基地から飛び立ったアメリカ軍のヘリコプターが、基地近くにある沖縄国際大学の敷地に墜落する事故がありました。日本人の負傷者は幸い出なかったのですが、この時日本の消防車も警察も一切現場に近づくことはできませんでした。日本の領土だというのに、アメリカ軍がバリケードをつくって封鎖したからです。

しかしながら、アメリカの横暴さに対して政府も、そして本土のマスコミも、非難の声を大きく上げることはしませんでした。日本がアメリカの軍事力の庇護《ひご》の下にあるという意識がどこかに働いているのかもしれませんが、それにしてもこのことは日本人の主権意識の希薄さを如実に物語っていると思います。

歌舞伎町の急襲作戦にあたっては、激しい抵抗にあって、戦闘状態になることも予想されます。ここは人がたくさん出入りしているところですから、そうなれば日本人の被害者も確実に出てくるはずです。日本政府としてはそうした事態に直接的な責任をとりたくないので、すべてをアメリカに任せる。そして、被害をアメリカのせいにしても、パキスタン人みたいな反米感情を日本人は持たない。日本人は主権を侵害されたことを理由に、日米関係を損なうほど強い抗議を行うことはないだろうとアメリカは読むはずです。

つまり、アメリカ軍が歌舞伎町で奇襲作戦を成功させることは十分可能であり、国際法違反への糾弾を交わすという点で、作戦上、日本ほど最適な外地はないといえます。

以上、架空の話ですが、なぜこのような結論が導かれるのか？　それを考えることは、日本の安全保障の要でもあるアメリカ軍基地の存在や日米地位協定について再考することになると思います。

アフガニスタンとパキスタンの国境に巣くうテロリストたち

２０１１年５月２日、ビンラディンの殺害を、私はアメリカのＣＮＮの衛星放送を見て知りました。思わず、手にしていたコーヒーカップを落としそうになりました。

ビンラディンの潜伏場所は、パキスタンでも中央政府の統治が及ばないアフガニスタンとの国境の山岳地帯、あるいは多数の犯罪組織が巣くう混沌とした商業都市カラチあたりが可能性としては高いと思われていたのです。

ところが殺害現場は、パキスタンの首都イスラマバードから目と鼻の先にあるアボタバードという閑静な住宅街。それも、ここはパキスタン軍の関係者が多く暮らすところです。いくら、アメリカのネイビーシールズが優秀だからとはいえ、いくらステルス機能がついた武装ヘリを使ったとはいえ、地上でのサポート、つまり、パキスタン軍と三軍諜報機関（ＩＳＩ）の〝一部〟のサポートなしに作戦は無理であるというのが私の印象でした。地上からの攻撃で撃墜され、隊員がパキスタン当局や激怒した民衆にとらえられた場合の軍事上、そして外交上のリスクが考えられるからです。事実、ヘリが一機大破しています。

アメリカ政府の公式見解は、この作戦は、パキスタン政府に全く知らせずに遂行したことになっています。外交上の答弁としては当たり前です。ただでさえ反米意識が強いパキスタン民衆の、いわば崇拝の対象であるビンラディンの殺害にパキスタン政府が関与したことになったら、民衆の怒りは自分たちの政府に向かいます。

そうなると、アルカイダと密接でISとも共闘関係のパキスタン・タリバンへの民衆の帰依を増大させることになり、パキスタン政府を利用してきたアメリカの対テロ戦略にとっても大打撃です。ですから、この事件後すぐにパキスタン政府は、このビンラディンの隠れ家が「聖地」とならないよう、すべてを取り壊し更地にしてしまいました。

パキスタン政府の誰も、本当にこの作戦を知らなかったのか。スジャ・パシャ中将、ISI長官は、以前から、ビンラディンの居場所を知っているという噂がありましたし、この事件の後、彼は長官を離任し、家族とともにパキスタンを離れました。友人の私としては、これ以上のことを書き留めるのは差し控えます。

2003年のイラク侵攻の際には、アメリカはサダム・フセインを生け捕りにし、イラクの国内法で裁かせた例がありますから、殺害せずに逮捕するという選択肢も検討はされたはずです。しかし生きたまま逮捕すれば、ビンラディンが生の声を発し、世界中の過激なジハード勢力を刺激するというリスクがありました。それどころか、9・11の〝真実〟もバラしかねない……と陰謀論者を喜ばせるような展開になるリスクを恐れたのでしょうか。

もう一つ、誰もがわかっていたリスクが、ビンラディンの〝殉教〟は彼を神格化させるということです。精神的支柱の物理的な不在は、後継者争いと、その精神の野放図な「解釈」を生みます。結果、アルカイダ系組織はさらに拡大し、より過激なＩＳを生んでしまいました。

ビンラディン奇襲作戦に先駆けて、アメリカは現地の医師を買収し、アボタバードの住民に対して囮の無料ワクチン接種プログラムを実行させたことがわかっています。妻や子供と一緒に暮らしているオサマ一家の隠れ家を絞り込むために、住民たちのＤＮＡを採取したのです。この医師は事件後、国家反逆罪でパキスタン当局に逮捕されましたが、パキスタン人にパキスタンを裏切らせたということで、反米感情と反政府感情はさらに高まってしまいました。

パキスタンとアメリカは、グローバルテロリズムとの戦いにおいて、歴史的に密接な関係を持っています。その始まりは冷戦時代に遡ります。

１９７０年代後半、パキスタンと国境を接するアフガニスタンでは、ソ連の支援を受けた共産党政権に反発して軍閥たちが蜂起し、内戦状態になっていました。１９７９年、窮地に陥った共産党政権を助けるために、「集団的自衛権」を口実に（安保理の許可は要りません）軍事介入したのがソ連であり、それに抵抗したのが軍閥たちです。

アメリカが、この軍閥たちを支援するために利用したのがパキスタンです。当時のアフガニスタンは、ソ連邦、中国、敵国イランに囲まれていたので、前線基地として利用できるのはパキスタンしかありません。

アフガニスタンの軍閥たちは、自らをムジャヒディン、「ジハード（聖戦）の戦士」と名乗り、パキスタンを通じてアメリカや親米の金満アラブ諸国の強力な支援を受けて、10年に及ぶ聖戦に勝利します。その後、ソ連は崩壊し、冷戦は終結します。

こうして1989年にソ連が撤退した後、アフガニスタンは平和になったかというと、その逆で、それまで一致協力していた軍閥たちは、誰が君臨するかで武力衝突を起こし、内戦へと突入するのです。そこに、世直し運動として誕生するのがタリバンです。

パキスタンは、建国以来の地政学上の理由で、アフガニスタンに介入し続けます。それは、仇敵《きゅうてき》インドがアフガニスタンに影響を及ぼすことがあれば、つまり、インドがアフガン国境越しに、付近のパシュトゥン部族のように自立気運のある人たちをインサージェント化する工作をしたら（カシミールでパキスタン自身がそれをしてきたように）、国のカタチが危うくなってしまうからです。

よって、アフガニスタンに傀儡政権をつくることは、パキスタンの国是なのです。だから、タリバンを支援し、政権樹立へと導きました。それを担ったのが、後にパシャ中将が長官となる三軍諜報機関です。

しかし、2001年の同時多発テロ事件をきっかけに、タリバン政権はビンラディンらアルカイダグループをかくまっているとの理由でアメリカに報復攻撃され、崩壊します。その際、タリバン、アルカイダの首脳たちはパキスタンに逃げ込みました。彼らが向かったのは、アフガニスタンとの国境付近の険しい山岳地帯で、独立心の強いパシュトゥン部族が自治権を持っている地域です。かつてパキスタンがイギリスから独立する前の英領インドだった時も、侵攻しようとした8万のイギリス軍が部族の結束の固い抵抗にあって全滅を余儀なくされているのです。半端な人たちではありません。独立後パキスタン政府は、彼らに強い自治権を与える代わりに、パキスタンの領土になってもらうという約束を交わしたのです。

ここに逃げ込んだタリバンとアルカイダの面々を、パキスタン側から「挟み討ち」にしなければ、アメリカの戦略には何の意味もありません。そこで、当時のブッシュ政権は、パキスタン政府を脅します。敵に味方するのか、それとも……。

この圧力に負けパキスタン政府は、独立以来初めてパキスタン国軍をこの地に進軍させせるのです。

ここでパシュトゥン部族は、約束が違うと怒りました。さらに、兄弟であるはずのタリバンを裏切ったとして、パキスタン国内の原理主義化と反政府運動に火がつきます。これが、パキスタン・タリバンとなり、元のタリバン（アフガン・タリバンとして区別）よりもっと過激になり、ISと共闘関係まで結ぶのです。こういう歴史的背景ゆえに、パキスタンはテロ支援国家ともいえますが、同時にテロの被害者でもあるのです。

このようにアメリカは、パキスタンとの間に非常に複雑な（アメリカが複雑にしているのですが）、しかしながら切っても切れない深い関係を抱えています。こうしてこの地から始まったテロとの戦いは、イラクの占領統治の失敗、そしてシリア情勢と相まってISの出現とともにグローバルテロリズムとの戦いとなり、全世界に拡大したのです。

テロリストとなったタリバンの出発点は「ロビン・フッド」

タリバンは、本をただせば、内戦の犠牲になっていた民衆を救うために立ち上がった「イスラム版ロビン・フッド」であったことは触れました。

1989年、アフガニスタンからソ連が撤退し、共通の敵を失ったことで、ジハードの戦士であるムジャヒディンたちのグループ（軍閥）間で覇権争いが始まります。アメリカやイスラム世界の支援でソ連を撃退したばかりなので、武器や弾薬は売るほどある。軍閥同士の対立は即武力衝突になります。当然、一般市民は戦火のなかを右往左往、多くが犠牲になりました。

そもそも国民を守る国家がないのです。当然、住民は自分たちを守るために村ごとに自警団を結成したりしますが、それだけでは不十分です。そこに各軍閥が面倒を見ている大小の武装グループがつけ込み、用心棒代わりに「みかじめ料」を徴収したり、農民たちにアヘンの原材料であるケシを栽培させ密輸して富を蓄え、恐怖政治を敷いていったのです。

軍閥のやりたい放題で疲弊した民衆を見て立ち上がったのが、アフガン南部の貧しいイスラム神学校で勉強し、軍閥と利害関係を持たない若者たちです。

ある日、地元の武装グループが村の女性たちを拉致し、レイプした上で監禁しているという訴えを村人から聞き、彼らは15丁の銃を手に、たった30人で殴り込みをかけます。勇敢に戦い、司令官を殺害し、女性たちを救出するのです。これが「学生たち」を意味するタリバンの始まりといわれています。

この事件が瞬く間に噂となって広まると、タリバンの若者たちに住民の陳情が殺到します。彼らは、決して見返りを求めなかったといわれます。こうしてタリバンは、住民たちの熱烈な支持をテコに、そして、パキスタンの支援を得て勢力を全土に拡大し、1996年、首都カブールの戦闘で最強軍閥を倒し、政権を樹立します。

タリバンのモットーは、アフガニスタンに、腐敗のない、イスラムの教えに基づいた純粋な国家をつくることです。でも、その純粋さがいきすぎたのか、人間社会を腐敗させる原因となるすべてのものを排除しようとします。それは、一般市民の生活にも及びました。服装から娯楽や嗜好品まで、日常生活にまつわるものすべてを厳格なイスラムの戒律で著しく制限しました。こと女性は頭から踵までを覆うブルカの着用が義務づけられ、教育や就職の機会も厳しく制限されました。民衆の支持を得て、政権を打ち立てたにもかかわらず、こうしてタリバンによる統治は恐怖政治に移行してゆきます。

欧米のメディアや人権団体が、これを放っておくはずがありません。人権を蹂躙《じゅうりん》する独裁政権として「悪魔化」が始まります。タリバンは国際社会から孤立していきます。

そして、同じく世界からおたずねもの扱いされていたアルカイダのメンバーを客人として迎え入れていた時に、このアルカイダが9・11テロでアメリカを攻撃しました。その報復のターゲットとして、タリバン政権はアメリカから攻撃され、崩壊します。その際、アメリカに加勢して、〝勇猛に〟（戦時国際法・国際人道法そして国際人権法など気にせずに）危ない地上戦を戦ったのが、タリバンに国を追われたあの軍閥たちだったのです。

オサマ・ビンラディンは人道援助のNGOのリーダーだった

一方、9・11テロ事件を起こし、後にイラクでISを生む母体となったのがアルカイダです。

その創始者のオサマ・ビンラディンは、実は「人道援助のNGO」のリーダーだったのです。

ビンラディンの家族は、金満王国でスンニ派の総本山サウジアラビアのすごいセレブ一家です。王家から請け負った、聖地メッカの大規模建設事業で成り上がったのです。そして、その信頼関係から、王家のために外交活動も請け負い、アメリカ政財界と深い絆を築いていくのです。

冷戦時代の1979年、ソビエトがアフガニスタンに軍事侵攻した時、共産主義がイスラム世界を支配することを恐れたサウジ王家は、アメリカと手を結んで、アフガンのイスラム戦士たちを支援しました。9・11は、アメリカとビンラディン家の関係の延長線上にあります。だから「陰謀説」が絶えないのです。

オサマには50人を超える兄弟がいて、彼は17番目の息子といわれています。サウジアラビアのセレブたちは、欧米に銀行口座も別荘も持っていて、外国に出ると西洋人と全く変わらず、お酒を飲んだり、買春したりもする。でも、サウジに帰ると、コロッと厳格なイスラム教徒に戻る。彼の兄弟はほとんどそんな感じでした。

そんな兄弟たちとは異なり、厳格なイスラム教の教えに感化されたのがオサマです。若い頃の彼を知る人々は、口をそろえて、少女のように繊細で寡黙な性格であったと評します。彼は原理的な宗教グループの布教活動に没頭するようになります。そうこうしているうちに、1979年12月、遠く離れたアフガニスタンにソ連が侵攻します。

ソ連軍によって100万人以上のアフガン人が殺害され、難民も大量に発生、パキスタンに逃げた人は300万人に及びました。パキスタン側国境の街ペシャワールは、巨大な難民キャンプが築かれ、世界中の報道と国際支援の焦点となります。

一方で、イスラムを冒瀆《ぼうとく》する巨大な「赤い悪魔（共産主義）」に、素手同然で戦うムジャヒディンは、世界中のイスラム教徒の共感を呼びます。サウジアラビアの王族やセレブたちは、こぞって寄付し、現場で戦っているムジャヒディンへの資金援助や、アフガン難民への支援が始まります。いわゆるイスラムの世界のチャリティーです。セレブたちは、儲けすぎて金満な生活をしていることへの贖罪《しょくざい》の気持ち、後ろめたさから喜捨するわけです。チャリティーの動機は、どこでも同じです。そこで現場に飛び込んだのがオサマです。セレブなのに、リスクを顧みず危険なアフガン国境へ。その行動が賞賛を集め、彼は母国のヒーローになってゆきます。

こうやって、支援の基盤がしっかりしたものになるにつれ、オサマの支援活動は進化し、彼自身のムジャヒディン部隊を組織するまでになります。冷戦下ですから、ムジャヒディン支援は、ソ連を倒したいアメリカの思惑とも一致します。アメリカは、最新の携帯用地対空ミサイルなどをオサマらに提供したのです。

そして、1989年、10年間の聖戦にムジャヒディンたちは勝利し、ソ連はアフガニスタンから完全撤退します。その後、ソ連は崩壊します。

けれどもこれでバンザイとはいかなかった。世界中から集まったムジャヒディン義勇兵が、「あれ、敵をやっつけて目的達成だけど、明日からどうする？」となるのは当然の成り行きです。

彼らのなかには、ソ連に対してだけでなく、その他の無神論社会やイスラムでない社会に対しても、ジハード（聖戦）が必要だという人々も現れます。そうしてオサマを中心に1988年頃に生まれたのがアルカイダです。アルカイダは、アラビア語で、「基地」とか「基盤」という意味です。

この組織は1990年、サダム・フセインのイラクが、隣国クウェートに軍事侵攻したことで起こる湾岸戦争により、さらに先鋭化します。

クウェートは原油を産出する親米国家ですから、アメリカが動くのは当然です。一方で、クウェートと国境を接するサウジアラビアの王様は、サダム・フセインが勢いに乗って攻めてくるのではないかと恐れました。そして、アメリカに助けを求めたのです。

これに慌てたのがオサマで、「アメリカに頼る必要はない。アフガニスタンは決着がついたし、ムジャヒディンたちの使い道もあるし、僕たちがサウジアラビアに戻ってサダム・フセインと戦う」と、この通りにいったかどうか定かではないですが、こんな感じで、王様に進言した。でも、王様は、アメリカのほうを選んだのです。

サウジ王室は強権政治をやっているので、当然それをよく思っていない勢力が国内にいます。アフガン戦でヒーローになったオサマが帰国して、サダムと戦えば、彼の人気はさらに上昇してしまう。彼の純粋すぎるイスラム原理主義が、国民を刺激し、利権と汚職にまみれた王室政治を浄化しようというふうになったら困る、とサウジ王室は恐れたのです。1991年、アメリカ軍を中心とする有志連合軍は、サウジ国内に軍事拠点をつくり、そこからクウェート内のイラク軍を攻撃、殲滅し、湾岸戦争に勝利します。

サウジ王室はこれで安泰となりますが、怒り心頭なのがオサマです。イスラムの聖地であるサウジアラビアに、異教徒、それも十字軍アメリカが、土足で入ってきた。大規模な軍事基地を設営した。そこで若い女性アメリカ兵士が、足をむき出しにした格好で、大音量でロックを聞きながらビーチバレーなどをやっている……こんなことを想像して、地団駄を踏んだのかもしれません。こうしてアルカイダは、アメリカ、その同盟国、それに尻尾を振るイスラム諸国さえも、公然とジハードの標的にし、ISを生むことになるのです。

インサージェントの武装解除を主導した日本の手法

話を、アフガニスタンのタリバン政権崩壊後に戻します。

タリバンがいなくなった途端、その力の空白を巡って、ソ連が出て行った後のように、軍閥たちの間で権力争いが始まるのです。アメリカの主導でカルザイ氏を大統領に据え、暫定政府をつくり、タリバンをやっつけた功労者である軍閥たちに花を持たせるために閣僚に据えるのですが、一旦、首都を離れると、軍閥たちは再び内戦状態に戻っていったのです。9つの軍閥が、それぞれの地方の拠点に軍事王国を建設し、独自の紙幣を流通させる者まで現れました。

アメリカを中心とするNATO諸国は、軍閥たちの内戦を横目で見ながら、アフガニスタンを再びテロリストの温床に逆戻りさせないよう「民主化」し、親米の〝強い〟政権を樹立すべく、アフガン復興、つまり占領統治の試行錯誤が始まります。

新しい暫定政府が置かれたのは、首都カブールです。それを、軍閥の王国がグルッと囲んでいる。加えて、これらの王国は周辺国と隣接しています。国際援助が始まったカブールでは、物資、燃料が必要で、ほとんどが陸路で周辺国から入ってきます。軍閥は隣国との国境、そして「カブールとの国境」で通過税をぼったくるのです。

というわけで、一番弱いのがカブールの「民主主義」暫定政府だったのです。この力関係をどう逆転させるか。アメリカ軍関係者は、このあたりから、タリバンを倒した功労者であるはずの軍閥を、インサージェントとして対処すべき（彼らには内緒ですが）と明確に考えるようになりました。

新しい国家建設には、学校も病院も必要でしょうが、もっと大切なものがあります。それは「法の支配」です。それまでは「銃の支配」だったものを、どう「法の支配」に移行させるか。それには憲法も含めて法そのものをつくらなくてはなりませんが、同時に、その「強制装置」をつくる必要があります。

法を破った者に対処する装置が「警察」であるなら、国内しか有効でないこの法空間を侵そうとする外敵に対処する装置が「国軍」です。国民の一人ひとりが、その安全を国家に委ねる。これで国家が国家たることができるのです。軍閥に委ねるのではありません。

この目的の下、アメリカがNATO諸国に役割を分担します。国軍の建設はアメリカ自身、警察はドイツ、憲法を含む法体系の整備はイタリア、といった具合です。そして脆弱な軍備しかない暫定政府が互いに内戦をやっている軍閥たちにビクビクしながら「武装解除どう？」「その兵器、政府にくれない？」という役割が、ババ抜き状態で残っていたのです。これを引いたのが、NATO加盟国でもない小泉政権下の日本だったのです。私はその政府代表として現地に行くことになりました。

武装解除は通常「DDR」というプロセスで行われます。最初の「D」は「Disarmament（武装解除）」。軍閥のトップと話し合いをし、武器引き渡しの政治的合意をとりつけます。2番目の「D」は「Demobilization（動員解除）」。武器を手放した部下たちに明日からは誰の命令も聞く必要はないと部隊を正式に解散させる。最後の「R」は「Reintegration（社会再統合）」。兵士たちが独り立ちできるように職や一時金などの恩恵を与えます。経済的な理由から再び武装しないようにという理由もあります。

「DDR」はこの順番で行うことが大事ですが、私が着任した当時、「R」が最初に来る「RDD」が行われようとしていたのです。それはアメリカの意向でした。とりあえず「R」を無条件に与えて、ちょっとご機嫌をとれば、武器を手放す精神的な余裕が生まれるかな、という算段だったのです。

なぜこんなにアメリカが弱気なのか。強大な軍事力を盾に、強制的に刀狩りすればいいのにと思われるかもしれませんが、絶対に無理です。相手は、アメリカの敵をやっつけてくれた功労者です。それを武力で脅したらどうなるか。もともと、スーパーパワー（超大国）の地政学に翻弄されてきた彼らだから、アメリカなど心底信用していません。

さらに、「あんなにしてやったのに裏切るのか」となったらどうなるか。相手は過去にあのソ連を打ち負かした連中なのです。現場のアメリカ軍首脳は、「ソ連の二の舞」そして「ベトナムの二の舞」を盛んに口にしておりました。

しかし「RDD」だと、相手に足元を見られてしまいます。武装解除を人質にして、職業訓練での待遇が悪いだの、一時金の支払い額を上積みしろだの、定職を全員に与えろだのと、恩恵だけをずるずる貪って武装解除を永久的に引き延ばすに決まっています。

にもかかわらず、アメリカは「ＲＤＤ」を本気でやろうと計画していました。そこに私が着任したのです。

主要軍閥たちが閣僚を占める暫定政府は、タリバンから首都を奪回してからも依然居座る軍閥の軍を撤退させ、国連安保理決議に基づき派遣された多国籍軍にその統治を委ねるという約束を国際社会と交わしていました。

しかし、実際は、首都は、３つの軍閥に分割占拠され、彼らは散発的な武力衝突を繰り返していたのです。タリバン政権崩壊後の新体制のなかで、より大きな政治力と利権を得ようと一触即発の緊張状態にある軍閥たちをどう切り崩すか。

最初に、私が目をつけたのが、軍閥のなかでも最強軍閥の、それも、融通のきかない年寄りのトップではなく、ナンバー２でした。自分の将来の人生設計を、より長いスパンで、しがらみにとらわれず、実利的に考えられる、そしてトップに最も影響力のある若い実力者です。それが、暫定政府の国防省を牛耳っていた一番強大な軍閥のナンバー２、国防次官のバリアライという30代の将軍です。聡明でやり手の彼は、アメリカに「ＲＤＤ」を認めさせた張本人だったのです。

バリアライの戦略は巧妙でした。まず、すべての軍閥に対して、それぞれの兵士を〝シゴけ〟と。ただ、それだけ。それで、そのシゴキから脱落した者と、耐え忍んだ者に分けろと。そして、それをバリアライの国防省に知らせろ。脱落した者は、国際社会からの金で社会復帰させてやる。根性のある奴らは、そのまま、お前らのところで兵士として面倒見続けろと。それをそのまま、アメリカがつくることになっている新しい国軍と見なし、俺の国防省から給料（アメリカが資金源）を送ってやる、と。

どうシゴくかはそれぞれの軍閥に任せるわけで、これで軍閥のメンツはつぶれず、腹も痛まず、Rの恩恵だけが入ってくる。結果、金の流れを握っている彼の軍閥が、他の軍閥を支配する構造ができる。見事だな、と思いました。

ここから日本政府代表としての私と、彼との交流が始まります。とにかく、この「RD」をひっくり返さなくてはなりません。その戦術の基本はこうです。

「平和国日本は、憲法上の理念と制約から、日本国民の血税はすべての兵隊が除隊し、市民に戻った後にしか使えない。もし血税が戦闘員に使われたとメディアにスクープされたら、いまの日本の政権は簡単に崩壊する」と。罪のないウソです。

同時に、軍閥が推薦した兵士をそのまま横滑りで新国軍に採用していたアメリカにも、一つの政策を呑《の》ませました。新国軍の新規採用は、武装・動員解除され、一旦市民に戻った者だけとし、日本の自衛隊のように一人の市民として志願させることにしたのです。色々な波乱がありましたが、結果、「RDD」は正常の「DDR」になりました。国防次官としての彼は、ここから他の軍閥に、まず武装解除せよ、と命令しなくてはならない立場に追い込まれたのです。この辺から彼の目がどんどん点になってゆきますが、それと同時に、新国家を建設する我々についてくるか、軍閥のしがらみ（彼自身のボス）のなかで生きてゆくのか、彼自身のこれからの政治的野心と保身との葛藤が始まったのです。

私はさらに難題を吹っかけました。彼自身の国防省を改革し、幹部人事を総入れ替えせよ、と。なぜなら、このままだと、お前のところの軍閥が、他の軍閥を刀狩りするみたいに見えるじゃないか。まず、国防省を〝国家〟に見せないと。だから、省内の主要ポストを他の軍閥に割り当てろ、と。これは、国際協力の観点からは、とんでもない「内政干渉」ですが、このままでは国際社会から見放されるし、平和憲法を持つ日本も許さないと決断を迫ったのです。

これには、伏線があり、「DDR」になったところで、私は、カルザイ大統領、アメリカ軍代表のカール・アイケンベリー中将、そしてバリアライとともに日本に戻り、DDRの政策決定を後戻りさせないための国際会議を開催しました。カルザイ大統領にこの政策決定を国際社会に向けて宣言させ、各国から初動資金として60億円を提供してもらう約束をとりつけたのです。

ですから、ここで、国防省改革を拒んだら、すべては、お前とお前の軍閥が、保身のために国家建設の障害になっていると全世界が見なし、孤立することになるよ、といえたのです。

結果、彼も日本大使館の私たちも、おそらく彼が所属する軍閥の鉄砲玉たちなのでしょう、国防省改革を生存の脅威と見なす抵抗勢力から有形無形の脅しを受けましたが、なんとか堪《こら》え、半年かかりましたが、国防省を全改革しました。彼のボスは、そのまま国防大臣の椅子にすわらせ顔を立て、バリアライには、ある先進国のアフガン大使のポストを与えました（後になって戦争犯罪者の入国ということで、その国で反対運動が起き頓挫しますが）。

こうして、アメリカがインサージェントと見なす軍閥の武装解除が始まりました。内政干渉である国防省改革は、本来ならば、国軍創設の責任国であるアメリカがすべきことです。でも、アメリカには、できなかったのです。

これが「占領者」の弱みです。暫定政府は、アメリカの傀儡政権です。そして、傀儡は常に占領者の足元を見るのです。傀儡は、自分がいなければ、占領者は占領できないとわかっているからです。アフガン暫定政府のポストは、アメリカの敵をやっつけた勝者たちへの〝褒美〟だったのです。だからこそ、タリバンやアルカイダ、もしかしたらいまのISよりも人権侵害を働いた軍閥たちは、それを問われず、君臨できるのです。

しかし、これでは、人権意識の高い西側諸国の理解が得られません。だから、最大部族パシュトゥンの旧家出身だけれど軍閥ではない、つまり血で汚れていないカルザイ氏をトップに据えたのです。カルザイ氏は、この時点では最もクリーンな選択だったのですが、アメリカの足元を見続け、10年余続いた政権の終わりには、地上で最も腐敗した政権といわれるようになりました。ちなみにアフガニスタンは、世界で流通するケシの実の9割以上を一国で生産するという、人類史上最大の麻薬国家になりました。

政権が世界一腐敗するなら、末端の行政は推して知るべしです。3章で扱った国家の「沙汰」の問題です。これがその後、タリバンの復活とその拡大を許した根本の原因なのです。

そして、この構造は、2003年のイラク侵攻後、フセイン政権を倒し、アメリカが傀傷を置いたイラクでも繰り返されました。

国際支援を受けた国は数あれど、そして「腐敗認識指数」を糾弾される国は数あれど、アフガニスタンとイラクは、国際援助史上、最も支援を受けながら、最も腐敗した国家という称号を与えられる国家に成り下がったのです。占領者が、その国際支援の主体だったからです。

「日本は美しく誤解されている」

自国の軍を置かない、つまり占領者でない立場で、アメリカの占領政策に協力する存在は、日本だけでした。

武装解除の開始は宣言されても、現場は本当に大変でした。なにせ、隣接する軍閥同士は、戦車、大砲の類いの重火器を使って戦っていたのですから。

私と日本大使館の武装解除チームは、NATO諸国の大使館にその拠出をお願いした駐在武官で構成される非武装の軍事監視団を組織し、全くお互いを信用していない軍閥のなかに割って入り、停戦の説得をしながら、少しずつ時間をかけて武装解除を進めました（この詳細は拙著『武装解除』（講談社現代新書）参照）。結果、９つの軍閥から戦車、大砲等の重火器のすべてを引き離し、暫定政府の国防省の管理地に移動させ、約6万人の戦闘員の動員解除を完了しました。もちろん「R」もです。

当初の予想を裏切り、武装解除があれよあれよと進んでいくのを見て、アメリカ軍の首脳部は、いつしか「日本は美しく誤解されている」というようになりました。

美しい誤解――。そうなのです。日本は、アメリカに匹敵する経済力がありながら、占領者ではない唯一の先進国と見なされていたのです。これは、平和外交で名を馳せながらNATOの一員として軍を派遣していたノルウェーにもない資質でした。そして広島、長崎でアメリカにひどい目にあった。だから弱者の気持ちがわかる。いまはアメリカと仲がいいフリをしているけど、と。軍閥たちを沖縄に連れて行ったら、腰を抜かすと思いますが……。

ちなみに、アメリカ・NATOのアフガン戦には下部作戦があり、それが「インド洋の海上阻止作戦」です。これは、当時、テロリストにはインド洋を渡ってパキスタンに上陸し、アフガニスタンへ行くルートがあるということで、それを海上で阻止すべくつくられた軍事作戦です。

アフガン戦はアメリカ・NATOの「個別的自衛権」と「集団的自衛権」に基づく立派

な「戦争」ですが、どういうわけか、当時の小泉政権は、護憲派の目立った反対もなく、「給油活動」と称して、海上自衛隊を護衛艦付きで出したのです（これは後で「9条下の戦争」として扱います）。

しかし、この日本の「派兵」は知名度ゼロ。当時のアフガン国民、軍閥たち、そしてカルザイ大統領も、こちらがいうまで知らなかったのです。日本では憲法に関わる大問題ですが、彼らには全く存在感がなかったのです。私たちも、あえてそれ以上の宣伝をすることはしませんでした。

これが、「美しい誤解」の所以《ゆえん》です。「そんな日本にいわれちゃしようがない」ということで、武装解除はトントン拍子に進んでいきました。

米大統領選挙が武装解除の足を引っ張る

新しい国家を最強のものにして、軍閥の群雄割拠の「銃の支配」を、国家の「法の支配」へ移行させる。武装解除は、その礎をつくりました。その礎の上に、民主選挙を実施し、暫定政府を民主的に確定し、安定した国家をつくる。武装解除が完了したことで、私を含め国際社会はこれで大丈夫だと安心しました。それはアメリカ軍首脳部も同じで、同時進行していたイラク戦に、戦闘部隊と空軍の主力を移してしまうのです。しかし、それは、とんでもない誤算でした。

武装解除をしぶる軍閥たちは、「俺たちがいなくなったら、どうするんだ。タリバンが戻ってくるぞ」を口癖にしていました。当たり前です。タリバンと地上で戦ったのは彼らなのです。タリバン政権を崩壊させた後も、軍閥たちが存在することが（たとえ、お互い争っていても）、その再勃興への抑止力として機能していたのです。

実際、彼らのいう通り、武装解除がつくった「力の空白」の隙を突くように、パキスタンへ逃げていたタリバンは2005年あたりから力を盛り返し、アフガニスタンへの侵入が顕著になりました。現在タリバンは、国土の8割を実効支配しているといわれ、私たちが手塩にかけた新しい政府に代わって、民衆に「沙汰」を提供しています。タリバンに対する抑止力を失うのに、なぜ武装解除を推し進めたのか？　これは、私自身の後悔です。

こんなことは、ちゃんとわかっていたのです。一般論としても、武装解除は必ず「力の空白」を生み出します。どんな邪悪な武装勢力だろうと、恐怖政治を敷いていようと、それがその地にある程度の期間存在すれば、それなりの秩序が生まれます。邪悪な勢力のなかにも、軍隊の指揮命令系統のような秩序が存在するのです。武装解除とは、その秩序を崩してしまうのです。

そうすると、組織の弱体化につけ込み、また別の邪悪な勢力が外から入ってきたり、組織内の下のほうから鉄砲玉的な勢力が出てきたりして、その空間が混乱し、逆に治安が悪くなってしまうのです。武器を取り上げても、そういう鉄砲玉が別のルートで外から武器を手に入れれば、おしまいです。だから、私がシエラレオネでやったように、国連が武装解除をやる時には必ず大量の国連平和維持軍を投入して、「秩序」の崩壊への対処と、その空間を警護し、新たな武器の流入を防ぐのです。*9

アフガニスタンには、国連平和維持軍はありません。アメリカとNATOの〝有志連合〟の戦場なので国連は、東ティモールやシエラレオネのように全責任を持ってフルにコミットできないのです。

ですから、「力の空白」への対処は、新しい国軍に担わせるしかありません。でも、前述のように「個人志願制」にして手塩にかけてつくっているから成長が遅い。でもそれでいいのです。「国家」という概念が歴史的になかったところに、国家に忠誠心のある兵士をつくろうというのですから。

つまり、アフガニスタンの武装解除は、ほんの初期だけ新しい国軍以外の何かで対処しながら武装解除を始め、そこで除隊した者を個人志願で新しい国軍に入れ訓練する。そのスピードに合わせながら段階的に進めていかなければならなかったのです。

だから、私は、当時、首都カブールの治安維持だけに小部隊を出し始めたものの、軍閥にビクビクして地方への展開を拒んでいたNATO諸国を説得して、ドイツ軍に最初に武装解除が行われたアフガン北部に駐留することを了承させたのです。これをキッカケに後に、他のNATO諸国もISAF（International Security Assistance Force）という作戦名で地方展開を始めることになるのです。

ところが、日本主導の武装解除が〝予想外〟にうまく回り始めた2004年のある日、アイケンベリー中将の後任の米将校が慌ただしく私のところに来ました。ラムズフェルド国防長官から「米大統領選挙の前にアフガン大統領選挙を何としてでも実行せよ」という命令が下ったというのです。この言葉を吐き捨てた彼の苦渋の表情が忘れられません。

前述の東京会議では、カルザイ大統領に「武装解除はアフガン最初の選挙までに終わらせる」と宣言させていたのです。もし武装解除が長引けば、選挙を〝多少〟遅らせることは、アメリカ軍首脳と私の間では了解事項でした。武装解除の実施は「国防省改革」で予定よりすでに半年遅れていたのです。軍閥に武器を持たせたまま選挙をやらせたらどうなるか。安全保障の専門家として、アメリカ軍首脳も私も、そのリスクは看過できなかったのです。

なぜ、ブッシュ政権がアフガン大統領選挙の実施を焦ったのか。その時はすでに、アメリカ進攻後のイラクが泥沼の内戦状態になり、誰の目にも「失敗」が明らかでした。このままでは2004年11月に予定されている米大統領選で再選が危ういと、ブッシュ政権はアフガニスタンの「成功」に賭けたのです。成功とは、アメリカ人が誰でも信奉する民主主義をこの野蛮な荒野に根づかせたと、民主選挙の実施で印象づけることです。そうでないと、すでに1000人を超えていた米兵の犠牲を有権者が納得しません。

私は、日本政府代表でありながら、外務省には何も伝えず（いっても埒があきませんので）アフガン選挙を遅らせるロビー活動に奔走しました。しかしその甲斐もなく、ブッシュ政権の思惑通り、武装解除のプロセスを〝はしょって〟、スピードを上げざるをえませんでした。重火器の引き離しだけ完了したのが、せめてもの救いです。そして、2004年10月にアフガン最初の民主選挙が実施され、米大統領選でブッシュは再選しました。

その結果、見事に「力の空白」はできてしまいました。2005年頃から、アフガン南東部でのタリバンの攻撃が多発し始め、いまの「タリバン優勢」に至ります。

これが、アメリカの戦争、そして占領政策は、大統領の任期に左右されるという当たり前のことを思い知った経緯です。これは、アメリカの戦争の「弱点」でもあります。なぜなら、グローバルテロリズムという敵は、任期などおかまいなく、悠久の時の流れのなかで、我々の殲滅を考えているのですから。

出口戦略の迷走

武装解除の完了とアフガン大統領選挙の成功をアメリカ軍首脳は占領政策のサクセスストーリーととらえました。２００４年から２００５年にかけて、彼らは標語のように「アフガンの成功をイラクに」といい始めるのです。当時のイラクはすでに泥沼です。これが、後にアメリカ軍の軍事ドクトリン（教義）の大転換をもたらす下地となります。

しかし、極めて短期的な成果を求めなければならないアメリカ国内の政局が、一国の国家建設を翻弄するという性質は、この後さらにひどくなり、戦略を迷走させていきます。

それが顕著に表れたのは、いずれ〝独り立ち〟させなければならない、新しいアフガン国軍の建設においてです。

いまでも忘れられません。武装解除の説明のため、初めて９つの軍閥の代表者をアフガン国防省に呼んで、まず「あんたら何人兵士がいるの？」と軽く質問を投げかけた時です。それぞれの申告数を合計すると、なんと24万人。

でも私が、アメリカ軍首脳、そしてＣＩＡから確認していた数字、つまり当時タリバンと戦った時の軍閥の総兵力は7万弱だったのです。彼らはタリバンを倒した直後から、お互いの覇権争いのためにせっせと兵力を増強していたのです。前述の「バリアライ計画」によれば、これをシゴいて半分になったとしても12万人。これをそのまま新しい国軍にしようとしていたのです。

こんな大きい軍は、独立国家として維持不可能、と結論づけたのは他ならぬアメリカ自身でした。アメリカ軍が突きつけたのは、どんなに多くても7万、それ以上はこの国力では維持不可能ということでした。でも、その後どうなったか？

前述のように武装解除で「力の空白」がつくられ、タリバンが力を盛り返すと、アメリカはこれを8万に引き上げました。２００５年のことです。そして、戦況が悪くなるにつれ引き上げ、ブッシュ政権の末期には13万５０００に追加修正。オバマ政権になるとさらに加速し、23万にするという計画を発表しました。もうアメリカには「大きくしてあげるから、後はバトンタッチね」という口実しかないのです。

国家予算を一番食う国防費の適正値を考え、真の独立国家としてアフガニスタンの発展を見守る余裕は、アメリカにも私たちにも、もうないのです。ちなみに、これらの兵士の給料すらアフガニスタンが自前で賄えると考えている関係者は、誰もいません。アメリカ国防総省と国務省は、そう正直に、そしてオープンに告白しています。だから、日本にも目配せしながら国際協力をと訴えているのです。

繰り返しますが、タリバンを一度やっつけた時の軍閥の兵力は、たった7万弱だったのです。いまは、大規模の兵力＋当時はなかったアメリカ・ＮＡＴＯの地上兵力＋当時より格段に精密で強力なアメリカの空軍力がそろっています。なのに同じ敵に負けるのです。何かが根本的におかしいとしかいいようがありません。

この苦し紛れの国軍兵力の増加は、急ぐあまり、その「質」にも深刻な影を落としています。２０１４年には現場のアメリカ陸軍少将が、〝アフガン国軍兵士〟に撃たれ殺されました。「将軍」が殺されるのは、アメリカ軍にとってベトナム戦以来です。

手塩にかけて育てているはずのインサイダーが牙を剝く。核セキュリティと同質の問題はここにもあります。

この現象が問題視され始めた２００８年から２０１６年まで、すでに92名が死亡しています。その動機は、個人的なものなど色々あるでしょうが、アメリカ軍は公式見解として、それらの事件の半分以上を綿密に計画されたタリバン、もしくはアルカイダ系のテロ組織の犯行としています。

以上、この章では、グローバルテロリズムとの戦いがどう始まったか、そして、アメリカ・NATOが（そして日本も）この戦いを終わらせるために、どのように試行錯誤し失敗してきたかを見てきました。

これらをアメリカ軍首脳が問題視しないわけがないのです。それが、次章で扱うアメリカの軍事ドクトリンの大転換につながります。

＊8—国連安全保障理事会はビンラディンに対しては「逮捕され、効果的に司法手続きがとられるように引き渡しを要求する」という決議を出していた。したがって最初から殺害を目的にした作戦遂行は、戦時国際法・国際人道法・国際人権法だけでなく、国連決議違反の可能性がある。

＊9—筆者が武装解除部長を務めた国連シエラレオネ派遣団は、シエラレオネの内戦終結のため武装解除を主要任務とする、典型的な国連平和維持活動（ＰＫＯ）である。２００１年12月時点で１万７０００の国連平和維持軍を擁していた。

第7章　アメリカの試行錯誤と日本

本書の主題であるグローバルテロリズムには、大きく分けて2つの様相があります。

一つ目（様相Ⅰ）は、インサージェンシーとしてのグローバルテロリズム。現場は、グローバルテロリズムの起源ともいえるアフガニスタン、パキスタンをはじめ、それが派生してゆくイラクなどです。そして、シリアの反アサド運動のように、現地社会の歴史的なインサージェンシーがこれとからんでISの誕生につながる系譜もあります。

この様相は、最近のバングラデシュでのISを標榜したテロ事件のように、その社会の土着の歴史的な「不満」分子を取り込んでいきます。こういうところでは、アフガニスタンのタリバンやカシミールのギラニのように、古いインサージェントとIS的な新しいモノとの確執が発生しつつあり、タリバンとの和解のように、前者を「まともな敵」化する戦略の試行錯誤がなされています。

2つ目（様相Ⅱ）の現場は先進国で、IS的なものを標榜するホームグロウン・テロ。様相Ⅰに巣くう「本体」と資金や訓練の面で直接リンクしている場合と、「本体」を勝手に名乗る場合もあります。そして、様相Ⅰの現場で空爆や通常戦において我々の側が軍事的に挽回する場面があると、こちらに起死回生的な攻撃を仕掛けてくる可能性があります。

様相IIの現場は核施設を抱えるような国々ですから、それを低コストで済む究極のターゲットにする戦略的思考はごく自然なものです。国際社会は「核セキュリティ」として、とっくの昔に取り組みを始めましたが、日本はというと、心許《こころもと》ないとしかいいようがありません。

こういう議論をこれまでに展開しました。そして、様相Iは国際法的にいうと「戦争」の世界、様相IIは国内の「犯罪」の世界で対処することですので、グローバルテロリズムとは、この2つの世界を自由に行き来する非常に厄介なものであることも指摘しました。

この章では、様相Iにおいて、その対処への「希望」と、日本の不可避的な役割について述べていきます。

9条下で日本は戦争に参加した

「日本は戦争をしない安全で平和な国である」

日本人の大半がこう思っているはずです。そう思う理由の筆頭は、戦争の放棄を謳った平和憲法の存在があるからでしょう。

一方で、他の追随を許さない突出した軍事超大国アメリカを体内に宿し、自身も軍事力[*10]

世界4位の日本を襲おうという勇気ある〝国〟は、そうそうあるものではありません。

ここで認識すべきは、平和憲法は、日本の「軍事化」に無力だったということです。さらに、どんな高名な作家や芸術家が「9条のおかげで日本は戦争をしないで済んだ」といっても、これは単なる事実誤認です。

第1章で説明した、国際法で許された3つの「戦争の口実」において、日本は立派に「集団的自衛権」を行使してきました。安倍政権のずっと前からです。

まず、すでに触れた「インド洋の海上阻止作戦」においてです。小泉政権の時に、海上自衛隊を護衛艦付きで出しました。これは、アフガニスタンにおけるアメリカ（個別的自衛権）とNATO（集団的自衛権）の「不朽の自由作戦」の下部作戦で、NATO加盟国でもない極東の島国がわざわざ参戦したことになります。

私は、イラクそしてシリアなど中東出身の学生を教えていますが、日本のテレビを垣間見るのでしょうか「シュウダンテキジエイケンって何？」と聞かれます。日本の政局について説明すると、彼らは「え？　日本もうやってるじゃない！」と反応します。

その後のイラクへの陸上自衛隊派遣は最悪です。なにしろ後でガセネタとわかるのですが、フセイン政権は大量破壊兵器を持っているとアメリカがイチャモンをつけての開戦だったのですから。フランス、ドイツをはじめNATO諸国はそれに納得せず、離脱しました。そこに極東の島国である日本が参加したのです。これは目立ちすぎます。世界が正当性がないと認識したアメリカの戦争に、わざわざ参戦したのです。

私も、このあたりから「美しい誤解」がだんだん崩れていくのを感じ始めていました。その最たるものは、民主党政権の時に起こりました。

9条は日本人にはもったいない

2015年5月初旬、私はインドから乗船し、インド洋、アラビア海を、ソマリア沖、アデン湾へ向かい、右手にイエメン、サウジアラビア、左手にジブチ、スーダンを見ながら、紅海を北上しスエズ運河を航行してきました。途中、海上自衛艦「いかづち」が並走しました。私が乗船しているのは「ピースボート」で、乗客はお年寄りばかりです。

ピースボートは護憲反戦NGOで、自衛隊の海外派遣にずっと反対してきました。とりわけ当時行われた「ソマリア沖海賊への対処活動」の海外派遣には大きな批判の声を上げていました。

ピースボートの船上では9条が大好きなお年寄りたちが無邪気に自衛艦に手を振ってい

るのです。これは非常にシュールな光景でした。腕組みしてそれを後ろで冷たい目で見ているお年寄りは、「税金を払っているんだから守られるのは当然」と思っているようでした。

ソマリア沖への自衛隊派遣は、れっきとした国連安全保障理事会決議を根拠とした「集団安全保障」であり、〝海賊〟対策の国際海洋警備作戦です。個別的自衛権の行使でも、集団的自衛権の行使でもありません。つまり、そこを通るのが合法な船であれば、船籍に関係なく、乗っているのがヤギや豚でも警備する。けれどもそれは日本の納税者を守る自衛権の行使では絶対にありません。

この自衛隊派遣を巡っては、当然9条の観点から反対の意見があがりましたが、これを制した国会のやりとりは「日本人を〝海賊〟から守る」でした。この時の政権与党は自民党ではありません。元社民党議員も政府にいた民主党です。

そして、当時の主要新聞の世論調査では、9条護憲が大勢を占めるなか、〝海賊退治〟も当然であるという結果になりました。つまり、9条護憲の国民が、日本人を守るためには自衛隊派遣やむなし、と考えていたのです。

歴史をひもとけば、自国民保護に名を借りた出兵が侵略に連なった例は数多くあります。

少なくとも、この反省から、日本の戦後は始まったはずです。私は、この派遣は、小泉政権時の海自のインド洋給油活動とイラク陸自派遣、この2つを上回る、戦後最大の違憲行為であると考えます。そして、それに全く反応しない護憲派を非難しました。朝日新聞に載った私の論考の表題は「9条は、日本人には、もったいない」です。

その後日本は、この海賊退治のためジブチに半永久的な自衛隊の拠点をつくり、いまに至ります。ジブチは紛争国ではありません。海賊問題とは関係のない、平和な国です。平和な国に軍事拠点を持つというのは、日本に軍事基地を持っているアメリカと同じです。世界戦略基地だとしか見えません。しかも、ジブチはイスラムのスンニ派の国であり、タリバン、アルカイダ、ＩＳの世界の一部なのです。

もうお気づきの方もいるでしょうが、日本は、スンニ派の世界で、占領者になってしまったのです。

同時に、日米地位協定のように、日本は「派兵国」として日ジブチ地位協定を締結しています。ここで派兵国としての日本は、日米地位協定でのアメリカよりも有利なのです。日米地位協定だったら、少なくとも米兵の犯罪に公務外、公務内の区別があり、運用に問題はありますが、前者には日本に裁判権があります。しかし、日ジブチ地位協定にはそんな区別さえなく、自衛隊員が何をやろうと、ジブチの現地法から訴追免除されています。私たちはすでに、日米地位協定に文句をいえる法的な立場をなくしているのです。これらはすべて民主党政権の時に確立しました。

インド洋給油活動、イラク陸自派遣、ソマリア沖海賊対処派遣は、すべて「特措法」で国会承認されています。今回の安倍政権の安保法制は、これを恒久的にできるようにしただけです。特措法であろうがなかろうが、戦争は戦争なのです。ちなみに、本稿執筆時点で、安倍政権下における新しい自衛隊の派遣はありません（南スーダンPKO派遣も民主党政権時です）。

これらが「9条下の戦争」です。その現場はグローバルテロリズムの「様相I」に極めて近いところです。つまり、日本自身が狙われる口実をつくってきた歴史を理解してほしいのです。そしてこれは、安倍政権だけの問題ではありません。

「日本は軍事占領下」の意味

「9条のおかげで日本は戦争をしないで済んだ」と並んで、「9条のおかげで日本はこのぐらいの戦争で済んだ」というのがあります。9条ブレーキ説です。

私は、これは、沖縄県民に対する最大の侮辱だと思います。

世界で一番戦争をし、ISをはじめグローバルテロリズムの象徴的な敵であるのがアメリカです。9条ブレーキ説は、そのアメリカを体内に宿すことのリスクに対する思考の欠落と、それを沖縄に押し付け続ける状況の追認でしかありません。

アメリカを体内に宿す国は、日本だけではありません。日本と同じような境遇なのは、韓国、フィリピン、NATOの一員となった旧敗戦国のイタリア、ドイツ、そしてグローバルテロリズムの戦場であるアフガニスタンやイラクなどです。

日本政府がアメリカに対して払っている思いやり予算（アメリカ軍基地内の従業員の給与、光熱費、隊舎や家族住宅の建設費等に充てられているもの）を含む在日アメリカ軍関係経費は、1978年度から2015年度までの38年間で約20兆円にのぼります。これは、アメリカの宿主としては、他と比較ができないほどダントツの負担額です。

これと正反対なのがフィリピンです。フィリピンはアメリカと米比相互防衛条約を結んでおり、基地使用料の名分で巨額の軍事・経済援助をアメリカから受けています。

冷戦終結後、フィリピンからアメリカ軍が一時完全撤退したのは、アメリカにとってこの援助の負担額が大きかったことも理由でした。

日米に関して、両国の関係は、「双務性」であるとよくいわれます。日本はアメリカを守る義務がない代わりに、基地を提供しているから対等というわけです。

しかし、基地の内部は日本の領土でありながら、その管理権が及ばない、そこに何が持ち込まれるのか、何をするのか、一切注文はつけられない。日本の主権が及ばないのです。日本の空ではない「横田空域」もそうです。これは、イタリア、ドイツ、フィリピン、アフガニスタン、イラクではありえません。駐留の歴史のなかで交渉の末、主権を回復しているのです。この日本の現状を、「軍事占領下」といわずに何というのでしょう。

さらに、アメリカとの地位協定（前身の日米行政協定を含めて）を60年以上もの間一字一句全く改定しないのは日本だけです。韓国でさえ、米兵が起こす不祥事をキッカケに全国レベルの国民運動が起き2度改定しています。日本では不祥事が起きても、国民運動になることはありません。「沖縄の問題」を超えることはないのです。

イラクでは、アメリカの占領統治が終わると、独立国イラクとしてアメリカ軍に駐留の継続を許すために地位協定が結ばれたのですが、中身は次の通りです。

アメリカ軍がイラクに持ち込むすべての武器・物資を許可・検査する権利をイラク政府は有する。イラク国内でアメリカ軍が行うすべての軍事行動はイラク政府の許可を必要とする。イラク国内に駐留を許されたアメリカ軍はイラクをベースに他国を攻撃することはできない。そして２０１１年末をもってアメリカ軍は完全撤退する。地位協定はイラクの主権の下に完全にコントロールされる。

この地位協定は、２度目の改定交渉で決裂し（イラク側が米兵の公務内を含むすべての裁判権を求めたりしたため）、アメリカ軍が完全撤退するのですが（結果ＩＳをのさばらせてしまいましたが）、「米軍に他国を攻撃させない」というのは秀逸です。なぜ、これを日本はいえないのでしょうか。

「米軍に他国を攻撃させない」――悪あがきかもしれませんが、これが、日本がＩＳの大義上の敵にならないため、少なくとも日本自らが主体的にできる、そしていますぐ実現可能なアクションです。グローバルテロリズムとは、アメリカ・ＮＡＴＯという世界最大の軍事力が勝利できない敵なのです。この敵に関しては、アメリカが日本の安全を保障することはできません。それどころか「アメリカの代わりに狙われる」可能性があるのです。我々はこれを脅威の一つとして、真正面に見据えなければなりません。

アメリカの代わりに日本が狙われる

政府が強引な形で成立させた安全保障関連法の背後には、緊張が高まっている日本を取り巻く東アジア情勢の姿が見え隠れしています。無理をして法案を通そうとした理由は一体何なのか。

それは、中国の海洋進出です。日本人の目は、南沙諸島での人工島建設、そしてフィリピン、ベトナム、マレーシア、周辺国との軍事緊張に向けられています。南沙諸島の権益は日本には直接関係ありませんが、尖閣付近の日本との直接攻防と相まって、日本国民に大いなる危機感を醸成しています。

確かに、中国は「脅威」です。一党独裁ですから、世界戦略を見据えられるのです。1年おきに首相が替わっているような日本はハナから勝負になりません。現在、アフリカ、特に中央・東アフリカの資源・経済市場は、中国の独壇場です。1980年代後半からアフリカにいた私は、この黎明期を目撃しています。そして、20年余続いたスリランカの内戦で、その終結と和平交渉に欧米社会がやっきになっている隙に、ちゃっかり同国政府に肩入れし、反政府ゲリラLTTE（タミル・イーラム解放の虎）を殲滅し、その褒美代わりに、この島国の南端（ハンバントタ）に軍港をつくってしまいました。

一方で、中国はパキスタンを「陸の回廊」にするべく、歴代の同国政府とブレない支援関係を構築してきました。中国が世界資源戦略を円滑に進めるために、シーレーンの確保とともに重要なのが、カラコルム・ハイウェイ（新疆《しんきょう》ウイグル自治区からパキスタンを結ぶ）からインド洋に出るシルクロードだからです。

また、隣接するアフガニスタンでの過激派の台頭は、イスラム系住民で占められる新疆ウイグル自治区へ影響を及ぼしています（すでにＩＳが侵入しています）。チベットをはじめとする少数民族問題は、中国にとって国家の統一に関わる頭の痛い問題です。一つの民族独立運動が勃興して他の民族に飛び火していくことを、中国政府は非常に警戒しています。

「タリバンとの政治的和解」において、タリバンを支援してきたパキスタンは依然大きなカードを握っています。そのためにパキスタンの首根っこをどう押さえるかは、アメリカの頭痛の種でした。パキスタンと関係の深い中国は、アメリカのグローバルテロリズム戦略が頼らなければならない相手なのです。現在、和解に向けてタリバンと対峙する枠組みは、アフガン政府、パキスタン政府、アメリカ、そして中国の「四者会議」なのです。

陸の回廊パキスタンの南端（グワダル港）は、中国の軍港です。地図を見てください。

バングラデシュのチッタゴン港への投資とともに、「海のシルクロード」の完成です。同時に、領土紛争を抱えるインドを見事に軍事的に封じ込めています。

たとえ、シーレーンが使えなくなっても、パキスタンのグワダル港を使えば、アラビア海から直接アフリカ市場にアクセスできます。その上部には、遠く黒海、カスピ海の石油市場にアクセスする、中央アジアを突っ切るパイプラインがあります。

別に中国を讃えているわけではありません。中国をスーパーパワーとして認識せよ、といっているのです。中国がくしゃみをするだけで、アフリカ大陸が風邪を引く、つまり地球規模の人道的危機を引き起こす――それくらいの影響力を持っているのです。中国の脅威を尖閣から見るだけではダメなのです。歴史的な経緯もあり、「中国だけには負けたくない」「癪《しゃく》にさわる」と思うのは仕方がないことかもしれませんが、ここは冷静に見る必要があります。

問題は、中国の脅威を過度に煽ることで、逆に日本が被る国防上のリスクです。中国を牽制するために、この章冒頭のグローバルテロリズムの「様相I」に極めて近いところ、つまりインド洋やアラビア海、そしてフィリピン、マレーシアなどの東南アジアのイスラム系過激派組織が蔓延る地域まで出かけて行って、アメリカと一緒に軍事力を見せびらかす。この行為によって、日本の国防に跳ね返ってくるリスクです。

グローバルテロリズムの時代に、このリスクを「中国への牽制の代償」として深刻にとらえない安全保障専門家は、単なる煽動家です。

同盟の強みは補完性にあり

安倍首相は自著で「軍事同盟というのは血の同盟であって、日本人も血を流さなければアメリカと対等な関係にはなれない」ということを述べています。しかし、私が日常的に接した、現場のアメリカやNATOの首脳部には、血の絆というようなウエットな関係は、存在していませんでした。そもそも「対等な関係」を望むなら、他のアメリカの宿主ならやっているように地位協定を改定し、空域を含む米軍基地の「主権」を取り戻すことから始めるべきだと思うのです。

NATO各国が、軍事作戦に参加するかどうかの基準は、自国の利益という非常にドライなものです。その国益の議論を占めるのは、経済的そして人的損害を伴うその参戦の正義をどう国民に納得させるかです。アフガン戦においてフランス、ドイツは全面参加しましたが、イラクでは離脱しています。主従関係ではないのだから当たり前です。

このことは、グローバルテロリズムという、単純に皆の兵力を合わせてガンガンやればいいわけではない敵の出現で、より顕著になっています。

たとえば、平和外交でその存在感を放っている小国ノルウェーや、ナチスの戦争犯罪という十字架を背負い続けるドイツに、イギリスと同じように戦うことをアメリカは強いたりしません。なぜならこういう国には、敵の同情を買えるというマッチョなアメリカにはない特質があるからです。事実、アフガニスタンで最初の暫定政府の組閣をすべく敵対する軍閥間の信頼醸成に奔走したのはドイツですし、ノルウェーは、タリバンとの接触をアメリカに代わってやったりしていました。

グローバルテロリズムには「強さ」だけでは太刀打ちできないのです。

アメリカ軍事ドクトリンの大転換

第3章で、「非対称」戦としてグローバルテロリズムとの戦いを扱いました。

その昔、抗日戦線を率いた毛沢東の言葉に、「ゲリラと民衆は魚と水の関係」というのがあります。ゲリラは民衆のなかを泳ぐ魚であると。だからゲリラは強いのです。

それならば、ゲリラに勝つにはどうすればいいか？　民衆をこちら側に引きつければ、魚（テロリスト）は干上がる。このロジックしかありません。成功しようとしまいと、これしかないのです。

どうやって民衆を引きつけるか？　マッチョな米兵がチョコレートを配るようなことをすればいいか？　ダメです。見透かされます。それに長続きしません。結局、傀儡政権をつくるしかないのです。

アフガニスタンやイラクでは、見事に失敗してきました。しかし、これしか方法はないのです。アメリカの英知を集める米軍首脳がそう考え、その努力を、この瞬間もやっているのですから。

それが、ＣＯＩＮ（アメリカ陸軍・海兵隊のフィールドマニュアル：Counter Insurgency）、すなわち「対インサージェント軍事ドクトリン」です（これ以降はＣＯＩＮと表記します）。

２００1年9・11の対テロ戦開戦5年目、イラク戦争開戦3年目の２００６年のことです。イラクの米最高司令官のペトレイアス将軍によって、アメリカの陸戦ドクトリンがベトナム戦争以来20年ぶりに改定されました。冒頭の毛沢東のゲリラ戦略思想が、このドクトリンを通して語られているのです。

つまり、民衆が自らの安全と将来を任せられる優秀な傀儡政権をつくること。グローバルテロリズムを含むインサージェントの息の根を止める方法は、これしかないのです。

そして、国家に忠誠心のある適正な規模の国軍と警察をつくり「法の支配」を広める。これが、国民の安全を守り、日常生活の「沙汰」を下す。唯一国家がそれを行うことで国民は安心し、国家に帰依する。そのために米軍はどうふるまうべきか。これがCOINの中身です。

これらはまさに、我々が当時のアフガニスタンでやっていたことです。だから「アフガニスタンの成功をイラクに」だったのです。日本が「美しい誤解」で主導した武装解除がもたらした〝束の間〟の成功だったのです。

現在もこのドクトリンの基本理念は変わりません。だからこそ、アフガニスタンでは手塩にかけた国軍に期待をかけ、イラクでも依然ヨレヨレの国軍を支援しているのです。かつてのようにアメリカ・NATO諸国が自らの歩兵を大量に現地に送って主体的に戦うというオプションは、軍事戦略的にもうありえないのです。

そして、アメリカのCOINを成功させるとしたら、その鍵は、日本がアフガニスタンで見事にアメリカを補完したように、傀儡政権に足元を見られない同盟国の役割にあるのです。

我々日本人は何を議論しているのでしょうか。今回の安倍政権の安保法制でも、自衛隊ができるのは、依然「後方支援」*11です。しかしそもそもこんな言葉は現場にはないのです。日本の政局でしか意味をなさない「後方支援」。こんなもののために、COINの打開策になるかもしれない日本の特質を犠牲にするつもりでしょうか。「軍事力を見せびらかす」ことでグローバルテロリズムの敵になるリスクに、はたして、それは「見合う」ものなのでしょうか。

それが、皆さんに本書が問いかけたい核心です。グローバルテロリズムが標的にする日本の原発の圧倒的な脆弱性に鑑みると、私は「見合わない」と思います。

ジャパンCOINを

アフガンの結果を踏まえるとアメリカは、同盟国に「自分のように戦え」とはいえません。

だから同盟国のほうも、主体性を持って「敵」を分析し、戦略を試行錯誤し、独自のCOINを開発していったのです。ブリティッシュCOINとか、カナディアンCOINというふうに。

それらは民政部分にアメリカにない独自の試行錯誤があります。地元社会に「我々は十字軍ではない」ということを示すために、駐留軍のトップをあえて軍人でなく文民にしたり（駐留するチームの大多数は兵士なので少し無理がありますが）、駐留軍の予算の出所をその国の国防省ではなく外務省にして駐留軍の〝文化〟を「国際援助」に律したり。涙ぐましい独自の努力をしていたのです。

ＣＯＩＮの実施にあたって最も重要なのは、現地社会との意思疎通です。「通訳」なしのＣＯＩＮはありえません。理想は、移民としてその国に定着した者を雇い連れて行くことです。これであれば「忠誠心」についてはあまり心配する必要がないでしょうが、数が限られます。地元社会との信頼醸成に欠かせないパトロールを僻地《へきち》の村々でするとなると、どうしても、英語のできる現地通訳をかなりの数、雇うしかありません。現地通訳は、当然、十字軍に雇われているという誹り・復讐を恐れ、それは任務に支障を来します。

それを克服し、ＣＯＩＮへの忠誠心を持たせなければならないのですが、それには指揮官の人格も大切だし、それなりの報酬も必要でしょうが、最も重要なのは、撤退する時に一緒に連れて帰るという保証をすることです。

2014年のアフガニスタンからの撤退にあたって、アメリカではこれが大問題になっており、軍が通訳たちの移民申請をしても、移民局が「安全保障」の観点から却下してしまうのです。アフガニスタンに残された通訳たちがどういう境遇にあるか、推して知るべし、です。

このように各同盟国は、独自にCOINを試行錯誤しましたが、全く成功に至っておりません。しかし、繰り返しますが、戦略はCOINしかないのです。

では、「ジャパンCOIN」は必要なのか？　私は必要だと思います。テロ対策を、いままでのように対岸の火事という認識の「お付き合い」ではなく、日本の国防の焦点にしなければならないからです。

ジャパンCOINを組み立てるとしたら、それは、他のアメリカの同盟国にはないクオリティを前面に出すことです。それは、COINがその実施の主体としなければならない傀儡政権が足元を見ない、つまり日本が「占領者」にならないということを基本理念にすることです。

そして、ジャパンCOINができることとできないこと、できる場所、時期を明確に定義することです。一般にCOINは、この章の冒頭で掲げた「様相Ⅰ」が現場となりますから、ジャパンCOINが実行されうる時期は限定されます。

現在もISの拠点を狙って空爆が続くイラクやシリアの状況では、そもそも日本に出る幕はありません。

覚えているでしょうか？　今回の安保法制の国会審議のなかで、当時の民主党の辻本清美議員が、テロとの戦いに自衛隊が出かけて行って（たとえば、「後方支援」の最たる物資輸送中の自衛隊機が撃ち落とされて）、もしISに捕まったらどうなるのか？　と質問したことを。すると岸田文雄外務大臣はこう答えました。「自衛隊員は紛争当事国の軍隊の構成員ではない。つまり交戦主体になれないので、ジュネーブ条約上、つまり戦時国際法上の『捕虜』とはなれない」。日本とは、未来の敵に向かって、「自衛隊員を捕まえても捕虜として扱わなくていいよ」という国なのです。自衛隊員の命を何だと思っているのでしょうか。

こういう戦況は、地上での攻防や前進・退避を繰り返し、〝いつか〟必ず硬直する時が来ます。大勢の民衆が囲われて盾になって、こちらとしてもどうしようもない。戦闘継続はリスクが大きすぎると、敵もこちらも、チラチラ頭をよぎるような時です。こういう時が、第三者が「停戦」を持ちかけるチャンスになります。

そのタイミングが来れば国連や、アラブ連合など地域共同体が第三者として、停戦調停の工作を始めるはずです。そこでは「国際（国連）停戦軍事監視団」の設立が動議されるでしょう。監視団は、各国の軍人の将官で構成されるのが慣習で、「非武装」が原則です。参加国は、その紛争と利害関係がないほうがいいに決まっています。

ジャパンCOINは、この動議に敏感に反応し、これを自衛隊が主導するのです。この分野を、平時から訓練する体制を構築し、自衛隊のお家芸にするのです。

非武装の停戦軍事監視団は、歴史的に国連の本体業務中の本体業務です。1980年代から世界は「内戦」の時代を迎え、国連平和維持活動（PKO）が生み出されてから、監視団のないPKOミッションは存在しません。1999年以降、国連PKOが任務遂行のためには戦時国際法・国際人道法上の「交戦主体」として「武力の行使」もやむなしとなってからは、特に重要性が増しています。

国連PKO以外のケースでも、国連インド・パキスタン監視団のように印パという2つの国家間の戦争を監視した例や、2012年のシリアではアサド政権と反政府勢力の間の停戦のために国連とアラブ連合が共同で監視団を立ち上げた例があります。これは、結果的に実を結ばず、その直後ISが台頭し現在の混乱に至ります。

監視団の主導に加えて、停戦や監視団の設立そのものを敵に納得させる交渉、そして、その停戦を恒久的な和平につなげる交渉の場が必要です。これには、当事者たちを安全な第三国に連れ出し、本音で膝を突き合わさせることが必要です。私が「タリバンとの政治的和解」でやったような感じです。これも日本のお家芸にするべきでしょう。

こういう停戦・和平プロセスには、現地政権を含むすべての紛争当事者グループが参加するに越したことはありません。そうでないと「戦いながら和平を探る」ことになってしまうからです。でも、これが非常に難しい。

私がいた当時のアフガニスタンでは、タリバンと戦いながら軍閥たちを停戦させました。し、現在シリアでは、アサド政権と、アルカイダ系のヌスラ戦線[*14]とISを除く反アサド勢力との停戦が模索されています。みんながみんなに銃を向け合っている混乱から、まとまるものはまとめて、「まとまったもの」対「共通の敵」というふうに対立構造を単純化させてゆくしか、前に進む道はないからです。

そこでなんとか「まとまったもの」の勢力が支配する地域を「銃の支配」から「法の支配」に移行させ、「共通の敵」がそこに侵入し住民の心を掌握させないための作業に取り掛かるのです。ここでは、どうDDR（武装解除・動員解除・社会再統合）を実行するかが、大きな山場になります。

アフガニスタンのケースのように、武装勢力というのは戦闘員を手放したくないのです。そして、新しい国軍の創設に同意しても、そのなかにできるだけ自分の子分たちを入れようと画策する。和平後、そんな大きな軍は保てません。だから「説得」が大切なのです。

現在のシリア和平の障害は、アサド政権をロシアが、反アサド勢力をアメリカ・NATOが支援するという代理戦の構造により、「まとまった」としても、「説得」をアメリカ・NATO諸国の誰がやっても足元を見られることです。ここでジャパンCOINが活路を開くのです。

こうやってできた新しい正当な国軍と警察が、すべての国民に分け隔てなく平等な安全を提供し、そして開発事業によって平等な福祉を中長期的に提供する。そして、新しい国家体制による人権侵害や開発格差を阻止し、政治の腐敗をコントロールする。そうしなければグローバルテロリズムとの戦いには負け続けるのです。アフガニスタンで日本が暫定政府の国防省の人事改革を成し遂げたように、国際援助の条件として、積極的な「内政干渉」をする。それが、「非占領者」によるジャパンCOINの役割です。

以上、ジャパンCOINはこうあるべき、という議論を展開してきましたが、はたして、本当に日本にその素質はあっても能力があるのでしょうか。アフガニスタンでCOINの下地をつくった日本ですが、これを国家戦略として掲げ、その体制をつくることは、また別の話です。

COINを担うのは、お金でも、兵器でもなく、人なのです。その地域と言葉に通じた人づくりから始まるのです。私の勤務する東京外国語大学は、まさに、歴史的にそういう日本人の人材を輩出してきた国家機関でした。でも、これからのCOINのニーズには全然足りません。やはり、日本社会として中東、イスラムへの興味と理解がバックにないと、こういう機関は存続できません。学生が来なかったら大学はおしまいなのです。

この分野の学術的な発展には、優良な移民・難民を積極的に受け入れる必要があります。そういった人材が教師となり、そしてジャパンCOINの担い手となる。それには、まず、彼らが敬愛し、信頼し、忠誠心を持てる民族に日本人がならないとダメなのです。

＊10—クレディ・スイスが2015年に発表した、ストックホルム国際平和研究所（SIPRI）とグローバル・ファイヤーパワー（GF）のランキングを統合した順位。

＊11―外務省は「後方支援」を外向けにLogisticsとしている。であれば「兵站《へいたん》」といえばいいだろう。兵站活動に前方も後方もない。最前線にいる戦闘部隊のロジ、インフラ支援を自己完結的に行うものだからである。「後方支援」とは「非戦闘地域」などとともに、「武力の行使」を想定できない自衛隊が戦場にいるために「全く弾が飛んでこない」仮想空間が必要だった日本の法理論争が生んだものである。ちなみに非戦闘地域が現場にあるとしたら、それは基地のなかだけである。それでも、イラク・サマワの陸自駐屯地は迫撃砲の攻撃を受けた。繰り返す必要はないかもしれないが、これに応戦したら、それが必要最小限であろうと、国際法的には「交戦」になる。

＊12―前掲1999年8月12日付 国連事務総長発国連官報「国連主導多国籍軍における国際人道法の遵守」による。

＊13―国連PKOが「住民の保護」など任務遂行のために「交戦」できるとなっても、交戦は回避できれば、それに越したことはない。そのためには、国連PKOでありながら、敵にとって唯一撃たれる心配のない部署があることは重要であり、監視団は交戦回避のために時には敵の懐に入る信頼醸成、そして武装解除の勧告などをする。犠牲者も多いが、国連平和維持軍（PKF）でさえも監視の対象としており、「安保理の眼」と呼ばれ、名誉ある役割である。

＊14―ヌスラ戦線は2016年7月にアルカイダからの離脱を表明した。改名は「レバント征服戦線」である。

第8章 テロに対峙するための新9条

ここまで日本が国防の観点からグローバルテロリズムに対峙する際の焦点を、以下に集約させるべく議論してきました。

1　核セキュリティを原子力政策の中心に据えること
2　アメリカのＣＯＩＮに積極的に参画すること。ただし日本なりのやり方で

これらは、それをやろうとする政治意思が形成され有権者の支持が集まれば、なんとかなりそうです。

しかし、前章で指摘した「アメリカの代わりに狙われる」リスクをどうするのか。これは一筋縄ではいきません。なにせ、戦後70年ずっと変わらない、アメリカの宿主である日本という国のカタチの問題だからです。

アメリカの代わりに狙われる国は、他にもあります。しかし、アメリカをこんなに〝多く〟宿す国はあるでしょうか。加えて、海岸線上にこんなに原発を並べた国があるでしょうか。さらに、地政学上こんなに〝お仲間〟から離れて孤立する国があるでしょうか。

これが、近くに〝お仲間〟が隣接する国だったら原発が狙われても〝お仲間〟は逃げることができない。一緒に対処するしかない。でも、日本は？

だったら、アメリカを出て行かせればいいじゃないか！　という意見があるでしょう。それはそうかもしれませんが、それなら、なぜいままで全くそれが実行できなかったのでしょうか。

反米を掲げた社会運動は日本の戦後史に燦然《さんぜん》とありますが、何か変わったでしょうか。アメリカの宿主は数あれど、その地位協定が60年以上も変わらないのは日本だけです。地位協定も変えられないのに、どうやってアメリカを出て行かせられるのでしょうか。

「日米地位協定」の問題点

「地位協定」とは、非常に簡単にいうと、「異国の駐留軍に与える恩恵を規定するもの」であります。それが戦時中や終戦直後であれば、いわば無政府状態ですから、すべてが駐留軍の軍事活動の支配下にあるわけで、どうしようもありません。たとえば、対テロ戦の戦場だったアフガニスタンでは２００１年から米軍が駐留していますし、日本も戦後しばらく駐留軍の支配下にありました。

しかし、戦時が終わり、平和が訪れたら（もしくは、戦時に戻ることを防ぐために引き続きある程度の軍事力を置くことが必要な準平和時には）、その戦場には「主権国家」ができているはずです。主権国家との間に占領支配を続ける関係があったらマズいわけです。[*15] ですので、その両方の主権国家同士で、その駐留を許可し、その条件を明記する合意がなされます。それが「地位協定」です。

基本的に、軍に関わる人たちを対象とするものですが、地位協定とは別に同じような特権を与えられている人たちに外交官がいます。主権国家同士が大使館などの在外公館を置き合い、お互いの外交官に外交特権（事件を起こした時の現地法からの訴追免除）を与え合っています。これを「互恵性」といいます。

ここで、疑問が出てきます。駐留軍の軍人に外交官と同じ特権を与えていいのか？大使館と違って軍事基地は、ふつう、お互いに置き合うものではありません。同じ乗り物の事故が起こった場合でも、外交官が乗るふつうの乗用車と、軍人が乗る軍用車や戦闘機では危険度と与える損害の大きさが違います。年齢を重ねた高学歴の人間が品行方正だとは、必ずしもいえませんが、兵士は若いし教育レベルも高くはない。事故以外の犯罪も増えやすいでしょう。ですから、外交特権と同じものを駐留軍に与えるべきか？という議論は「NATO地位協定」でもされています。

NATO地位協定は、現在の多くの地位協定の裁判権のスタンダードになっています。第二次大戦後、東西冷戦という長期間の〝準〟平和状態の時に、西側の同盟国がお互いに軍を置き合う必要に迫られ、つくられた協定です。

地位協定で特に問題になるのは、裁判権でしょう。そこの部分だけ見れば、日米地位協定もNATO地位協定も、実はあまり変わりません。「公務内」の事件と、「公務外」の事件とに分け、前者の裁判権を「派遣国」(日米の場合はアメリカ)が、後者の裁判権を「受け入れ国」(同じく日本)が持つというのは同じです。たとえば、軍人が基地の外でも業務として運転していると「公務内」ですので、仮に日本人をはねてもアメリカに裁判権があります。

NATO地位協定もそうなので、これは世界で慣習的なスタンダードになっていると考えていいでしょう。

酒に酔ってバーで傷害事件を起こすなどの「公務外」がいつも問題になります。でも、もし被疑者が基地に逃げ込んで、勾留したのがアメリカ軍であれば、日本側が起訴するまで、その身柄を確保できます。確保している間に本国に返してしまい、日本では問題になっていました。しかしながら仕組み自体は、NATO地位協定でも同じなのです。

では、日本が特別不利とはいえないのでしょうか？　外務省のホームページには、その通り、不利とはいえないと説明しています。[*16]でも、これは大変に恣意的だと思います。

確かに、「公務外」の扱いについて形式的には同じに見えるかもしれませんが、互恵的な関係と非互恵的な関係ではニュアンスが違うのです。そう、NATO地位協定は「互恵的」なのです。

NATOのなかのイタリアとドイツは、敗戦国という意味において日本と同じです。しかし、地位協定におけるアメリカとの関係は互恵的なのです。つまり、地位協定で、「受け入れ国」が「派遣国」に認める裁判権などの「特権」について、アメリカはイタリア、ドイツにも同じ特権を認めるのです。現実的には、世界で突出した軍事力のアメリカが派遣国になる場合がほとんどですが、少なくとも法的な議論では、その「逆」もありうるのです。ですから、NATO地位協定の文面の主語は、日米地位協定のようにアメリカとか日本でなく、あくまで「受け入れ国」と「派遣国」なのです。同じ敗戦国のドイツとイタリアは、日本とは違い、アメリカと「対等」な立場にあるのです。ここがポイントなのです。

しかし、互恵性のない日米地位協定では、何を「公務外」とするか決めるのもアメリカ側なのです。条文だけ見ると特段不利とはいえませんが、そもそも土台が違うのです。異国に軍隊を置くということは大変に心細いことです。アフガニスタンなどを例にするまでもなく、駐留軍にとって民衆を敵にすることは決定的に恐ろしいことなのです。なぜなら、駐留基地というのは外に向かって槍を向けているようなものですから、いつ何時敵意を持った民衆が襲ってこないとは限りません。

だから、アメリカは受け入れ国の国民感情をすごく気にし、「事件」が起こると「譲歩」するのです。たとえば、NATOのなかでも、ドイツとイタリアは敗戦国として歴史的に特別な事情を抱えていますし、駐留する米軍の数も飛び抜けて多い。だから、通常のNATO地位協定に加えて「補足協定」を結んでいるのですが、冷戦が終わってからは米軍基地の管理権を全面回復しています。どのような訓練をするのか、何を持ち込むのか、地上訓練も、飛行訓練も、アメリカ軍はすべてにおいて、ドイツ、イタリアから許可を得なければなりません。これらの「譲歩」は、すべて「事件」がきっかけとなりました。[*17]

ドイツの補足協定（ボン協定）では、レイプや殺人については、どんな場合でも、ドイツの裁判権で裁くと明確に書いていますし、公務内の過失であっても、[*18]ドイツ政府の代表がアメリカの軍法会議に立ち会えるようにしています。日本外務省はホームページ上で「ドイツは、同協定（注・ボン協定）に従い、ほとんど全ての米軍人による事件につき第一次裁判権を放棄しています」と書いていますが、これは許し難いミスリードです。[*19]イタリアの補足協定では、基地があることで迷惑をかける地方公共団体とオフィシャルなチャンネルを持たないといけない、とさえ決めています。これらの仕組みは、日米地位協定にはありません。

ＮＡＴＯのように互恵的ではない、日米のように非互恵的な他の地位協定のケースを話しましょう。韓国、フィリピン、そしてイラクやアフガニスタンなどのケースです。

まず韓国においては、米韓地位協定はすでに2度改定されています。もともと、裁判権において日米地位協定の日本より不利だった韓国は、「事故」をきっかけに大きな国民運動が起き、「日本並み」にすることに成功しています。

２０１４年にアメリカ・ＮＡＴＯ軍は主戦力の撤退に伴い、残留部隊の維持のためにアフガン政府と地位協定を結ぶのですが、そのなかには、民間軍事会社などの「業者」に関する取り決めを細かく盛り込んでいます。グローバルテロリズムとの戦いでは、アメリカを中心に、民間軍事会社に軍事上の様々な業務を委託するケースが増大しました。基地内のレストラン運営から、建設、IT関係、そして要人警護、傭兵《ようへい》まで何でも委託しています。

一方、通常の地位協定における「軍属」とは、たとえば日本の防衛省の制服組ではなく、派遣国政府と直接的な雇用関係にある背広組のような非軍人です。これに対して「業者」は会社であり、従業員と契約関係にあるのはその政府ではなく、会社です。政府と従業員は直接的な雇用管理関係にありません。

こういうふうに戦争の「民営化」が主流になってきているのですが、この「業者」が様々な重大事件を引き起こしてきたのです。そのシンボル的な事件が、2007年にイラクで「ブラック・ウォーター社」が起こした「ニソール・スクエアでの虐殺」です。

米国の民間軍事会社ブラック・ウォーターが、17人の民間人を殺傷した事件です。どのような事件かというと、アメリカ政府の委託で物資の輸送を武装警備していたブラック・ウォーターが、ある交差点に差し掛かった時、何者かに撃たれたと思い、それに応戦、街中で自動小銃を乱射してしまったのです。攻撃されたのは後で誤認だったということが証明されます。

こういう事件が起こると当然、地元社会の反米、反駐留軍感情が頂点に達するわけですから、現在、NATO地位協定の運用では、「業者」は、公務内外にかかわらず、どんな事件についても、裁判権を「受け入れ国」側に認めることが慣習的にスタンダードになっています。

アフガニスタンとアメリカ・NATOの地位協定でも、「業者」に関しては公務内外にかかわらずすべての事件にアフガン側が第一次裁判権を持つと明確に記されています。[*20]

現代の地位協定では、裁判権のカテゴリーにおいて、従来の①軍人、②軍属に加えて、③民間軍事会社などの業者を明確に②と区別し、③に関する裁判権は受け入れ国側にあるというふうになっています。

日米地位協定では、この区別はありません。ブラック・ウォーター社の社員が過去、日本で②軍属として働いていたことがわかっていますし、2016年5月、沖縄で女性を殺害したシンザト・ケネフ・フランクリン容疑者も、日本のメディアは②軍属としていましたが、実は③業者だったのです。たぶん「業者」による凶悪事件は今回が初めてだったのでしょう。だから、日本政府は慌てたのです。[*21]

ちなみに、アフガニスタンとアメリカ・NATO地位協定では、すべての「業者」は、アフガン国内法によって会社登録されなければならないとまで書いてあります。はっきり[*22]

いって、日本の地位協定における地位は、アフガニスタン以下です。

日米地位協定が締結された1960年には、民間軍事会社が想定されていなかったのでしょう。日米地位協定にも「業者」の記述はありますが、裁判権[*23]のカテゴリーの問題として扱われておりません。だから、シンザト事件のような問題が起こると困るのです。

フィリピンに至っては一度、地位協定を破棄しました。火山が爆発して、基地が使えなくなったこと、反米意識が高まったことが相まって、米軍が完全に出て行ったのです。その後、中国と南沙諸島の争いがあり、アメリカと再度関係を持つことになりました。でも、地位協定の名称はStatus of Forces Agreement（SOFA）ではなく、Visiting Forces Agreement（VFA）。米軍の扱いは、あくまで「お客」です。

そして、イタリアやドイツのように、米軍基地の管理権、そして環境権も、フィリピンの主権の下に置かれています。何より、核[*24]の持ち込み禁止が条文に明記され、裁判権の「互恵性」[*25]も獲得しています。つまり、フィリピンの軍人／軍属が、合同演習か何かでアメリカに駐留中に公務内の事故を起こした時、アメリカ国内の事件にもかかわらずフィリピンに裁判権を与えるのです。

日米地位協定は「変わっていないこと」が問題なのです。日本政府は「運用」で対処するといっていますが、それを決める日米合同委員会の構成は、日本側は軍事に疎《うと》い官僚、あちら側はすべて軍人で占められ、政治家も入れない密室なので、基本的にアメリカ側がイエスといわなければ、何も変わらない仕組みです。

非互恵的な地位協定では、アメリカ側に主導権がある構造は変わらず、「運用」には限界があります。互恵性のある協定だと、やったらやり返される緊張関係にあるので、運用にも透明性があります。互恵性があるのとないのとでは、異国の地で兵士が起こす犯罪の予防措置への国家の「やる気」に違いが出るはずです。もちろん、外国人犯罪の撲滅を保証するものではありませんが。

こんな状況が放置されている国は他にはないのです。

ウヨクとサヨクに伝えたいこと

なぜ、日米地位協定は変*26わらないのか。

サヨクに限らず、ウヨクの皆さんにも、「日米地位協定は改定されるべきか」と問われれば、イエスと答える人が多いのではないでしょうか？　この一点では、右・左が一致する。だけど、その先が違ってくるのです。

ウヨクは、地位協定でアメリカと「対等」になるには、まず、日本が「集団的自衛権」を大手を振って行使できるようにならなければならず、それには自衛隊が「軍」にならなくてはならないと主張します。つまり地位協定で「互恵」を獲得するには、日米関係をNATOのような本当の「軍事同盟」にするべく、まず自衛隊を「軍」にするために憲法9条を改正せよ、というロジックなのです。

一方、サヨクは、こんな感じで地位協定の話を詰めていくと、改憲問題が政局化してしまう。これは改憲論議そのものをタブー化したい護憲の足がすくわれかねない。だから、ひとっ飛びに「アメリカ出て行け」となって、「主権回復」のための地位協定改定の話にならないのです。

ウヨクの方々に伝えたいのは、ふつうの国では、「愛国心」の矛先は「占領者」に向かうものだということです。しかし、まだ侵略もしていない中国にそれが向かってしまう。「占領協定」をぶち壊そうという愛国運動になぜかならないのです。日本は実に不思議な国です。

結果、左も右も、「主権」に関わる地位協定の抜本的な改革を求める運動にはつながらない。だから、アメリカが締結している地位協定は数あれど、60年以上全く変わらないのは日本との地位協定だけという「不思議」が維持されているわけです。結果、何が起きても「沖縄の問題」として忘れ去られ、現状が維持されてきたわけです。

しかし、私は、サヨクの皆さんに向けては、前述のような右派のロジックを恐れず、地位協定における「主権」の問題を真正面に掲げてほしいと思います。なぜなら、すでに述べたように、裁判権の「互恵性」や基地の管理権、そして環境権において、日本の地位の低さは世界的に特筆モノなのですが、実は、韓国もほとんど一緒だからです。

旧敗戦国イタリア、ドイツ、そしてアメリカの植民地だったフィリピン、そしてアメリカの現代の戦場だったアフガニスタンと比べても、日韓は兄弟のように同じ低い地位に置かれているのです。でも、韓国はちゃんとした軍を持っていますし、ふつうの国のように「集団的自衛権」も行使できます。

つまり、地位協定でアメリカが譲歩してきたのは、それらの国に「軍」があるからではなく、「事故」を契機に大きな「国民運動」があったからなのです。ですから、「地位協定の改定と9条改正はとりあえず関係ない」という前提で、サヨクの皆さん、ウヨクの皆さん、手を取り合って国民運動を進めてはどうでしょうか。

さもないと、サヨクもウヨクも、アメリカの手のひらで争っているだけになるのです。

テロに対峙するための日米地位協定改定とは

ここまでで日米地位協定はふつうに変えられる根拠を説明しましたが、次はテロリストから「アメリカの代わりに狙われない」ために、それをどう変えるかについて述べていきます。

私は、次のような改定のための骨子を提案します。

〈日米地位協定　改定骨子〉

1　地位協定の時限立法化、もしくは、米軍の最終的な撤退時の状況のビジョン化
2　在日米軍基地に米軍が持ち込むすべての兵器・軍事物資、そしてそれらの運用に対する日本政府の許可と随時の検閲権、すべての基地、空域の管理権の取得
3　在日米軍基地が日本の施政下以外の国、領域への武力行使に使われることの禁止

日本人は、戦後ずっとそうであったからか、米軍の駐留に慣れすぎてしまったのでしょう。ですが、本来これは異常事態なのです。

ここでは「アメリカ出て行け」ではなく、「日本がどういう状態になれば米軍基地が要らなくなるのか」という発想を持ちましょう。それは、すべての隣人、中国・ロシア・北朝鮮などと緊張がなくなり、領土領海紛争がすべて平和裏に解決しているといったことなのでしょうか。これを、具体的に地位協定に明文化するか否かはおいて、ビジョンを持つべく国民レベルの議論が必要です。少なくとも、国防の一環としての外交に明確な目的が生まれます。

また、在日米軍基地を他国への攻撃に使わせないとする案のヒントは、前述の通り、イラク政府がアメリカ政府と交渉した地位協定です。ここでアメリカの譲歩を引き出すことは十分可能なのです。

これは、ＩＳのようなグローバルテロリズムに向けて「アメリカに出てってもらうのは、あんたらのせいじゃない別の理由で、少し時間がかかるけど、絶対に日本から攻撃させないようにするから」と高らかに発信することです。

滑稽でしょう。当たり前です。仮想敵に向かって原発を並べて成り立ってきた日本の国防論議なのですから。何をやっても滑稽なのです。だからやるのです。グローバルテロリズムの目をそむかせるために、できることは何でも。

「9条下の戦争」を止める「新9条」とは

なぜ「9条下の戦争」を早急に止めなければならないのか。すでに述べたように、「9条下の戦争」は、すべてグローバルテロリズムが本拠地とする地域に極めて近いところで実行され、日本自身が狙われる口実をつくり続けているからです。

私は、これまで、憲法9条を変える必要はないという立場でした。変えるのであれば、平和や国防をどう考えるのか、しっかりと議論をする必要があるけれど、「中国の脅威」を煽るばかりの政権（民主党政権も同じでした）の下では、そんなことはとても望めそうにない。だから、いつかは変えなくてはならないとしても、それは〝いま〟[*27]ではないと思っていたのです。

しかしその後、民主党政権の時の「海賊退治」で「日本人に9条はもったいない」になり、ジブチでの基地建設、日ジブチ地位協定締結、そして今回の安倍政権により集団的自衛権が容認されたいまの状況にあっては、もう大義名分において9条が禁止するものに一体何が残っているのでしょう。「9条下の戦争」の拡大を止める兆しさえありません。

批判は承知の上で、新しい9条を提案する決意を固めたのは、この危機感によるものです。

なぜ自衛隊はＩＳが活動するエリア近くに、フル武装で行けるようにまでなったのでしょうか。

簡単です。それは、自衛隊が「交戦主体」ではないと思い込んでいる「交戦主体」だからです。だから、「交戦主体」ではないのに、「交戦」が支配する戦場にフラフラと入り込めるのです。

この思い込みは、本書の特に章末の注で議論してきた「神学論争」の賜物なのですが、簡単にいうと、自衛隊が「海外に出れば軍事組織と見なされるが、日本国内ではそうではない」ことをなんとか説明するための理屈の積み重ねをしてきたから、つまり、自衛隊をきちんと憲法で定義しないから、ＩＳの近くまで行けるようになってしまったのです。

人類は数々の戦争を経て、軍事組織が「やってはいけない」ネガティブリストを「交戦規定」として戦時国際法・国際人道法に定めることで、いかに軍事の非人道性をコントロールするか死に物狂いの努力を重ねてきました。なのに、９条２項で「交戦権」を否定する日本は、神学論争の理屈の積み上げで、「交戦規定」[*28]で律されない世界で唯一の軍事組織をつくってしまったのです。それもいまや通常総合戦力で世界第４位のモンスターです。

戦力の保持を禁止する9条ですが、自衛隊を戦力と見なさないという理屈を積み上げてきたおかげで、いつの間にか軍事大国になってしまった。こうとしか説明できません。自衛隊が何をしようと、たとえ軍縮して小規模になっても、常備軍であることをやめ、完全に解体し国民皆兵にしても、そして、それが「竹槍」で戦っても、戦時国際法・国際人道法の「交戦」であり、「交戦規定」で規制されるというのが世界の「戦争のルール」です。これに日本のそれを合わせなければなりません。ギャップはもう許されません。

よって、私が提案する新しい9条は、自衛隊を、素手、竹槍で戦っても、戦時国際法・国際人道法で厳しく規制される「交戦主体」として明確に定義し、絶対に外に出さないという日本独自の制限をそれに被せる。グローバルテロリズムの震源地近くでの軍事力の見せびらかしは、即、日本の国防の脅威として跳ね返ってくるからです。明確に定義された主体だからこそ、その行動を明確に制限できるのです。

「9条下の戦争」を含めて本当に戦争をしないため、そして軍事力を見せびらかさないための「新9条」は次の通りです。

1　日本国民は、国際連合憲章を基調とする集団安全保障（グローバル・コモンズ）を誠実に希求する。

2　前項の行動において想定される国際紛争の解決にあたっては、その手段として、一切の武力による威嚇又は武力の行使を永久に放棄する。

3　自衛権の行使は、国際連合憲章（51条）の規定に限定し、個別的自衛権のみを行使し、集団的自衛権は行使しない。

4　前項の個別的自衛権を行使するため、陸海空の自衛戦力を保持し、民主主義体制下で行動する軍事組織にあるべき厳格な特別法によってこれを統制する。個別的自衛権の行使は、日本の施政下の領域に限定する。

＊15—戦時国際法・国際人道法の一つであるハーグ陸戦条約による。敵地攻撃、暫定的占領はできるが、併合はできない。「侵略」になるからである。

＊16—「時々、他国が米国と結んでいる地位協定と日米地位協定を比較して日米地位協定は不利だと主張されている方もいらっしゃいますが、比較に当たっては、条文の文言だけを比較するのではなく、各々の地位協定の実際の運用のあり方等も考慮する必要があり、そもそも一概に論ずることが適当ではありません。」（http://www.mofa.go.jp/mofaj/area/usa/sfa/qa02.html）

＊17―1998年NATOドイツ補足協定の第19条第2項。
＊18―同第25条第1項。
＊19―1995年米伊補足協定の第19条。
＊20―2014年NATOアフガン地位協定の第11条第5項。
＊21―2016年7月5日、岸田文雄外相と中谷元防衛相は、ケネディ駐日米大使、ドーラン在日米軍司令官と会談。日米地位協定で保護される軍属の範囲を明確に定め、対象を狭める合意に達した。
＊22―2014年NATOアフガン地位協定の第9条第2項。
＊23―日米地位協定の第14条第2項。
＊24―2006年米フィリピン軍事協力協定の第4条第6項。
＊25―米連邦諮問委員会任命の国際治安諮問会議、2015年の報告書 "Report on Status of Forces Agreements" 25頁。
＊26―正確には2015年、環境規制に関する補足協定が結ばれているが、分量的にもほんのわずか。環境基準は日本政府ではなく「日米合同委員会」が決めるという前近代的な内容。とても「改定」と呼べるようなものではない。
＊27―前掲『武装解除』の最終章では、「日本国憲法前文と9条は一字一句変えてはならない」と結んでいる。
＊28―戦時国際法・国際人道法を批准すればいいという話ではない。それは自助努力の意思表示に過ぎない。交戦規定違反、つまり、国際人道法違反の誹りを受けた時、国家として軍事行動を裁く法体系を持って

いるかどうかが問題である。日本には軍事法廷、軍法会議もない。国家の命令行動である軍事行動のなかでの過失を、軍規の観点からでなく、自衛隊員個人の犯罪として裁く刑法しかない。日本の刑法には「国外犯規定」があり、日本人が犯す海外での過失は裁けない。

おわりに

本書では、日本にとって脅威は数あれど、そのうちの一つ、グローバルテロリズムに焦点をあててきました。

通常戦力では殲滅できないテロリストたち。これが、いまや「核セキュリティ」の領域に触手を伸ばす世界状況のなかでの、日本の国防の近未来を俯瞰してきました。

さらに日本は、地政学的なその立ち位置を世界軍事戦略として利用してきたアメリカと切っても切れない関係にあります。そしてアメリカは原子力の平和利用戦略の一環として、アメリカ本土から一番離れた仮想敵国の喉元の日本に、原発を究極の「地雷」として埋設させてきました。この日本の〝喜劇〟ともいえる国防構造を明らかにし、いまここにグローバルテロリズムが照準を合わせる可能性を本書で警告しました。

日本は、核兵器被害、そして原発事故の両方を経験した世界で唯一の存在でありながら、何でも「想定外」にする幻想の文化があって初めて国防が成り立ってきたこと（核セキュリティさえも)。さらに、それは「憲法9条のおかげで戦争をしていない」という幻想と同根であり、日本はいつの間にか人類の非戦の営みの結晶である「交戦規定」を内包しない、唯一の世界五指に入る軍事国家になったばかりでなく、グローバルテロリズムの温床近くまで「軍事力であるという自覚のない軍事力」を拡散させるまでになった現実。もうこれらに目を閉ざすことなく真正面から受け入れ、「敵をつくらない」ための方策として、日米地位協定の改定案と新しい9条を提案して、本文を締めくくりました。

そういう本書の意図を、サヨクの人たちは反原発と非戦を装っているようだけど改憲勢力の悪巧みだと、ウヨクの人たちは自衛隊を軍にするとかいっているけど中共の手先じゃないか、などと思うことがあるでしょう。

それでいいのです。戦後70年を経て、そして安倍政権の出現を経て、アメリカの手のひらで日本人が右と左に分かれて争っている「戦後レジーム」の実態と、グローバルテロリズムがその手のひらごと吹き飛ばしかねない近未来を少しでも認識していただくきっかけに本書がなれれば、それでいいのです。

本書はライターの髙木真明さんの発案がなければ、生まれていませんでした。インタビューは、9条問題からアメリカの軍事戦略まで多岐にわたりましたが、その断片的な情報を一冊の本として見事に骨子をまとめていただきました。改めて感謝いたします。

２０１６年９月

伊勢﨑賢治

著者略歴

伊勢崎賢治《いせざきけんじ》

東京外国語大学大学院総合国際学研究院教授。

一九五七年東京都生まれ。

早稲田大学大学院理工学研究科修士課程修了。

インド留学中、スラム住民の居住権獲得運動を組織。

その後、国際NGOに在籍し、アフリカで開発援助に携わる。

国連PKO幹部として東ティモール暫定行政府の県知事を務め、

シエラレオネでは武装解除を行い、

アフガニスタンでは日本政府特別代表として同じく武装解除を指揮する。

著書に『武装解除』(講談社現代新書)、『日本人は人を殺しに行くのか』(朝日新書)、『本当の戦争の話をしよう』(朝日出版社)、『新国防論』(毎日新聞出版)などがある。

幻冬舎新書 431

テロリストは日本の「何」を見ているのか
無限テロリズムと日本人

二〇一六年十月三十日　第一刷発行

著者　伊勢﨑賢治
発行人　見城　徹
編集人　志儀保博

発行所　株式会社　幻冬舎
〒一五一―〇〇五一　東京都渋谷区千駄ヶ谷四―九―七
電話　〇三―五四一一―六二一一(編集)
〇三―五四一一―六二二二(営業)
振替　〇〇一二〇―八―七六七六四三

ブックデザイン　鈴木成一デザイン室
印刷・製本所　中央精版印刷株式会社

Printed in Japan　ISBN978-4-344-98432-5 C0295
い-26-1

幻冬舎ホームページアドレス http://www.gentosha.co.jp/
＊この本に関するご意見・ご感想をメールでお寄せいただく場合は、comment@gentosha.co.jp まで。

幻冬舎新書

小林よしのり　宮台真司　東浩紀
戦争する国の道徳
安保・沖縄・福島

日本は戦争する国になった。これは怒ることを忘れ、日米安保に甘えた国民の責任だ。しかし、今度こそ怒りつづけねばならない。日本を代表する論客三人が共闘することを誓った一冊。

香田洋二
賛成・反対を言う前の
集団的自衛権入門

「集団的自衛権を行使できる」とはどういうことなのか。元・海上自衛隊No.2が、戦後70年の歴史と現在の国際情勢を踏まえた大局的見地から、今私たちが知るべきことを、徹底的にわかりやすく解説。

古森義久
いつまでもアメリカが守ってくれると思うなよ

アメリカに異変が起きている。軍事力を忌避し国防予算を削減させリーダーシップの発揮をためらう。「アメリカが必ず守ってくれる」はもはや夢物語だ。日本人だけが気付いていない真実を緊急警告。

手嶋龍一　佐藤優
インテリジェンス　武器なき戦争

経済大国日本は、インテリジェンス大国たる素質を秘めている。日本版NSC・国家安全保障会議の設立より、まず人材育成を目指せ…等、情報大国ニッポンの誕生に向けたインテリジェンス案内書。

小林よしのり　有本　香
はじめての支那論
中華思想の正体と日本の覚悟

国際社会が「チャイナ（シナ）」と呼ぶ中、なぜ日本は「支那」を差別語扱いし自主規制せねばならないのか――この「ウザい隣国」との本質的問題点をグローバリズムから論じた、新しい〝中国〟論。

福山隆　宮本一路
2013年、中国・北朝鮮・ロシアが攻めてくる
日本国防の崩壊

世界情勢が激変する中、日本を守っていたはずの「アメリカの傘」は既にない。目前に迫る亡国の危機。自衛隊幹部として最前線でミリタリー・インテリジェンスに関わった著者が緊急提言！

川淵三郎
独裁力

嫌われることを恐れずに、しがらみを断ち切り、独裁的に決断を下す。ただし私利私欲があってはいけない。それが優れたリーダーの条件である。「老いてなお盛ん」を体現する男の画期的組織論。

辻田真佐憲
大本営発表
改竄・隠蔽・捏造の太平洋戦争

日本軍の最高司令部「大本営」。その公式発表は、戦果を5倍、10倍に水増しするのは当たり前。恐ろしいほどに現実離れした官僚の作文だった。今なお続く日本の病理。悲劇の歴史を繙く。

幻冬舎新書

巽好幸
富士山大噴火と阿蘇山大爆発

300年以上も沈黙を続ける富士山はいつ噴火するのか。そして富士山よりも恐ろしい、かつて南九州の縄文人を絶滅させた巨大カルデラ噴火とは何か。地震と噴火の仕組みを徹底解説した必読の書。

間川清
裁判官・非常識な判決48選

「こそこそとでなく、堂々と女性のスカートを覗き込めば無罪」「女性にデブと言ったから29日間、刑務所へ」――いったいなぜこんな判決が？　世間を騒がせた48の判決を読み解きジャッジする。

佐藤康光
長考力
1000手先を読む技術

一流棋士はなぜ、長時間にわたって集中力を保ち、深く思考し続けることができるのか。直感力や判断力の源となる「大局観」とは何か。異端の棋士が初めて記す、「深く読む」極意。

島田裕巳　中田考
世界はこのままイスラーム化するのか

なぜ今、キリスト教が衰退の兆しを見せ、イスラームの存在感が増しているのか？　テロや紛争、移民問題に苦悩しつつも、先進国が魅せられる理由とは。比較宗教学者と屈指のイスラーム学者が激突！